「忌」怖い話《いまわのこわいはなし》
大祥忌《だいしょうき》

加藤 一

竹書房
怪談
文庫

※本書に登場する人物名は、様々な事情を考慮して一部の例外を除きすべて仮名にしてあります。また、作中に登場する体験者の記憶と体験当時の世相を鑑み、極力当時の様相を再現するよう心がけています。現代においては若干耳慣れない言葉・表記が登場する場合がありますが、これらは差別・侮蔑を意図する考えに基づくものではありません。

端書き

怪談ジャンキーの皆さん、元気に息してますか？

ところで皆さんは「どこからが怪談」というボーダーラインってお持ちですか？　金縛りは怪談。地縛霊は怪談。霊能者は怪談。祟りは怪談。では妖怪は？　神様は？——。この、どこからが怪談なのかっていうのは個人差が大きいもので、一概にこうだと言えないんですが、〈怪談の際《きわ》にちょこんといる怪談〉みたいなものもお気に召すでしょうか。

さて。息も絶え絶えのこの一年を何とかやり過ごしての今年の「忌」怖い話は、『大祥忌《だいしょうき》』と銘打ってみました。怪談本には何かと不穏なタイトルが付き物ですが、実は大祥忌というのは存外めでたい言葉なのだそうです。今際《いまわ》の際に香典を貰い回向《えこう》を恃《たの》んで卒哭《そっこく》し小祥《しょうしょう》を越えての大祥忌……要するに三回忌なんですが、これは「遺族が元の生活に戻る節目」を意味するのだとか。これ以上は悲しまず、それぞれの暮らしを楽しんでいきなさい——といった具合で、要するに服喪の終わりを示唆しています。

終われ——るかな？　ということで、今際の際のきわっきわを御一緒しましょう。

著者

「忌」怖い話 大祥忌

目次

バイキング

バイキングと呼ばれるアトラクションがある。

ちょっとした遊園地の定番でもあるバイキングは、海賊船を模した巨大なブランコ型の絶叫アトラクションである。数十人の客を乗せ、立てた舳先《へさき》が地面と直角になるほどの高さまで大きく揺れるこの船は、身長制限はあるものの年齢制限が設けられていないことも多く、全年代に人気がある。

坂口さんがまだ小学校に上がったばかりの頃、親戚の伯母さんに連れられて行った遊園地で、バイキングに乗ったことがある。

舳先に近い座席に座ると、シートベルトでがっちり固定された。

係員がシートベルトの固定と乗客の着座を確認し、「それでは出発でーす」と元気よく声を上げた。

「……うわー、怖いねえ。おばちゃん、怖いわあ」

坂口さんと並んで隣に座った伯母は、興奮しているような緊張しているような、無理矢理張り付けたような笑顔で話し掛けてきたが、恐怖心を紛らわせるための強がりのようでもあった。
ぶうん、というモーター音が響いて船体が動き始める。
木造の海賊船を模した鋼鉄の船体は、僅かに軋《きし》みながら揺れ始めた。
ゆっくり往復するたび、少しずつ舳先の高度が上がっていく。
「……ひゃぁああぁあああぁぁぁぁああぁ」
「わああああああああ！」
誰のものとも知れない叫び声が、揺れが大きくなるたびに足元や頭上から響いてくる。
坂口さんは両手を高く掲げて、歓声を上げる。
揺れが最大に達して、舳先が地面を抉るほど低くなる。
そして、揺り返された舳先が今度は地面を見下ろすほどの高さまで持ち上がる。
その瞬間——。
坂口さんの身体を固定していたベルトが消滅した。
身体を支えていた命綱とも言うべきシートベルトがない。なくなっている。
頂点で遠心力による支えを失った身体が、本来の重力に引かれ始める。
座席から身体が浮き上がり、遥か地面に向かって落ち始めようとしている。
と、隣席から延びた手が、坂口さんの身体をがっちり掴んだ。

見ると、伯母が必死の形相で幼い姪の身体を支えている。

伯母は自分もシートベルトに固定されて身動きが取れないはずだったが、身体を捩って腕を伸ばし、坂口さんの身体が座席から落ちないよう、これ以上ないほど強い力で押さえつけている。

海賊船は繰り返し舳先を頂点に向けた。

繰り返し襲いくる落下の恐怖に、幼い坂口さんにできることは力の限り泣き叫ぶより他になかった。

係員がベルト消滅に気付く様子はなく、坂口さんの身体は船体が停止するまでずっと伯母に支えられ続けた。

どうにか海賊船が出発地点に戻ってきた。

心臓が張り裂けそうなほどの恐怖に耐えた坂口さんにとって、地上に戻れたことは奇蹟とさえ思えた。

「はい、お疲れ様でしたー！」

満面の笑顔で近付いてきた係員が、乗客のシートベルトを外していく。

「お嬢ちゃん、怖かった？　ごめんねえ」

そう言って係員は、坂口さんの身体を固定しているシートベルトを外した。

ベルトは確かに消えていたはずだった。

身体が地面に向けて落ちようとする重力を何度も感じた。

伯母が坂口さんの身体を必死に支えていたのも見た。

しかし、消え去っていたはずのベルトは、元に戻っていた。

坂口さんに起きた異変に気付いていてくれたのは伯母だけだったようだ。

坂口さんが泣きじゃくりながら、「おばちゃん、ありがと」と礼を言うと、伯母は不思議そうな顔で答えた。

「……ん？　何がありがとうなん？」

伯母の記憶は消えていて、ベルトが消えたことも姪の身体を支えたことも、直前に起きた全てのことを覚えていなかった。

お化け屋敷

　お化け屋敷は遊園地の鉄板アトラクションである。

　昔ながらの徒歩でルートを巡るものは今も形を変えて綿々と続いているし、決められたルートを巡る乗車装置に客を乗せて強制的に連れ回すライド系のものも全国各地にある。

　生身の人間が化け物に扮したものから、化け物を模した作り物がセットの中からワッと飛び出すカラクリ仕掛けのものまで、その仕掛けはバラエティに富んでいる。


　とある湾岸の有名遊園地には、これまた広く名を知られた評判のお化け屋敷があった。

　ここのものはライド系で、二人掛けのバギーがルートを走っていくタイプだ。

　筑紫さんは、連れとともにバギーに乗り込んだ。

　きゃあきゃあと歓声を上げつつバギーは進む。

　別のカップルが叫んでいるのが後ろから聞こえてくるのはいいとして、誰も乗っていないはずの前のほうのバギーから濃厚な〈人の気配〉が漂ってくるのがどうにも気になった。

　……気にはなったが、気にしない。

仕掛けられたギミックを流れ作業で眺めていくと、ルートの最後のほうに鏡張りの部屋がある。

正確には一方向から見ると光の反射の加減でガラスが鏡になる、という仕掛けのものなのだが、バギーに乗っている乗客の側から見る限り、それは鏡にしか見えない。

そこに向かって手を振ってみたところ、鏡の中に映る自分が微動だにしない。

どれほど手を振っても、身動き一つしないのである。

「ああ、なるほど！　そういう演出なのか！」

つまり、手を振る前の写真を撮影しておいて、その映像を鏡に映している、という仕掛けなのか。

なるほど手が込んでる。頭いいな！

驚いたり怖がったりしている様子を撮影して記念写真として売ってくれるコースターがあるが、これはその類なのかもしれない。ということは、出口を出たら写真販売でもあるのかも。

そう期待してお化け屋敷を出てみたが、そんなサービスは特になかった。

次に同じ遊園地を訪れたとき、前回同様にお化け屋敷を巡ってみた。

同じように鏡張りの部屋で、鏡に向かって手を振った。
鏡に映る自分は、筑紫さんに向かって手を振り返していた。
ごく普通の鏡だった。

ナイナイの神様

自宅でイラストを描いていたのだという。
筑紫さんは原稿に定規を当て、線を引いて、定規を机に置く。
トーンを貼って、もう一度定規を取ろうとする。
と、定規がない。
さほど広くもない作業机の上にはない。
ペン立てにもない。
引き出しに入れた覚えはなく、机の下にも落ちていない。
椅子の裏、背もたれの隙間、座面から座布団の裏まで剥がし、徹底して捜す。
見つからない。
仕方がないので、一服するかと一風呂浴びた。
ほかほかに温まって部屋に戻ってくると、原稿の隣に定規が置いてある。
よくあることらしい。

教室の盛り塩

坂口さんの高校時代の話。

学校前の停留所から出る帰りのバスを、つい逃してしまった。頻繁に次発が来るような場所でもなく、次の便まで二時間ほども待たねばならない。

「……ここで二時間待ちぼうけっていうのもねえ」

苦笑いして、同級生とともに校舎に戻る。

土埃舞う校庭でぼんやりしているよりは、椅子も机もある教室のほうが幾らかは過ごしやすそうだ、と思ったからだ。

まだスマホなどない時代だったこともあって、学生が校内でできる時間潰しと言えばお喋りくらいのものだ。進学のこと、部活のこと、次のテスト、昨日見たテレビ番組、今週発売の雑誌の最新号などなど、話題など幾らでもあった。

と、同じクラスの女子が三人ほど教室に入ってきた。

派手な化粧や着崩した制服を纏《まと》った、所謂《いわゆる》ギャルの走りのような子達である。

どうやら彼女らもバスを逃してのヒマ潰しらしい。

「何する？」

「何か面白いことしない？」

面白いこと、というのが何を指すのかと聞き流していると、ギャル達はプリント用紙の裏に何やら書き物を始めた。

「できた」

一人が財布から十円玉を取り出すと、別のギャルが黄色い声を上げて指を載せ、「コックリさんコックリさん……」と唱え始める。

「うっそ。マジ？」

「動いてる動いてる！」

「ハハッ。誰が動かしてんの？」

小学生や中学生がそうした遊びをしていることはあるが、高校生にもなってまだこんなことをしているのか、とも思った。

が、同級生が不意にお喋りをやめ、囁《ささや》いた。

「何か寒くない？」

坂口さんも同様に感じていた。

それだけではなかった。

ギャル達がコックリさんを始めてから、教室の中に何やら気持ちの悪いものがいる。

だが、その形状、その異体について、はっきり具体的に説明することが難しい。

色は赤い。が、形は定まらず、それとはっきり分かる姿を取らない。

〈何か気持ちの悪いの〉としか言いようがない。

それが、プリント用紙の上で十円玉を滑らせるギャル達を取り囲み、教室の中に満ちている。


「ねえ」「うん」

坂口さんと同級生は目配せしあって教室を出た。


その翌日のこと。

担任は、教室に入ってくるなり室内を見回して首を捻ると、開口一番に言った。

「……何か気持ち悪いですね」

何がどう、ということまでは言及しなかったが、頻《しき》りに「気持ちが悪い」と呟き、

「ちょっと塩持ってきます」

と言うなり教室を出ていった。

戻ってきた担任は、教室の隅に小皿を置いてそこに塩を盛りつけた。

どうやら、担任も違和感を感じとるくらいには、〈分かる〉人だったらしい。

が、〈うっすらと分かる〉という程度の人であることが幸いするとは限らない。

担任は、教室の隅に塩を盛った。

あろうことか、教室の四隅全てにそうした。

「これでよし、と。では授業を始めます」


そのまた翌日のこと。

プリント用紙の裏に書き物をしていたギャルの一人が、事故に遭ったという。

もう一人、十円玉を出したギャルの姿もない。病気であるということだが、病状などは知らされなかった。

「そういう訳で、彼女らは暫く学校を休みます」

コックリさんをしていたギャルは三人いたはずだが、残る一人はけろりとしている。

一緒に遊んでいた彼女にも纏わり付く何かがあるはずだが、まるで意に介さない。

なるほど、霊的不感症という奴か。

ギャル達がコックリさんを正しい作法で帰せたのかどうかは知らないが、教室に渦巻く気持ちの悪さはあの日以来変わらない。

その日の放課後、教室の四隅の盛り塩を巡って男子達が騒ぎ立てていた。

「盛り塩ってマジかよ」

「教室に結界とか」

「ばっか、何をチョーシくれてんだよ！」

話半分遊び半分でじゃれあっているうちに、男子の一人が故意か偶然か、盛り塩の一つを蹴り崩した。

当人は遊びのつもりだったのだろう。

けれども、その男子は翌日、失踪した。

担任は「祓い清める」「外から入り込ませない」つもりで塩を盛ったのだろう。

では、教室の四隅にある盛り塩の内側に、最初から何者かがいた場合どうなるのか。

それは、盛り塩の結界に囚われてしまうのではあるまいか。


事故か怪我か病気か、そのどれでもなく理由も語られなかったが、盛り塩の結界を壊した男子の失踪を最後に、教室の変事は終わった。

理解者

　イラスト部はそれほど多くの部員数を抱えた部ではなかったこともあって、その部室は半教室分だった。普通の広さの教室をパーティションで区切って二分したもので、別の部と一つの教室を分かち合うのである。

　部の活動はと言えば机にしがみついて絵を描くか、でなければ部員同士の交流という名のお喋りくらいだったし、必要な画材や道具は持ち寄りだった。つまりは、さほど大きな部室を必要とする訳でもないので、このくらいで丁度よかった。

　その日、放課後の部室にやってきた筑紫さんは、部室の扉を開けた瞬間に圧倒された。

「おつかれー」

「先輩こんにちはー」

　部室の中には三〜四人の部員の姿がある。

　だが、そこには激しい過密感があった。

　まるで満員電車のようだ。部室の中にいるのは数人の部員でしかないはずなのに、大量の〈気配〉がみっちりと詰め込まれている。

部室に満ちる気配の源はと言えば、どうやらパーティションで仕切られた隣の部室であるらしかった。気圧《けお》されて言葉も出てこないほどに圧倒されていると、隣室から何某《なにがし》かの囁き声が聞こえてくる。

（……つくりさん、こっくりさん……）

あー、もう。あー、もう……それかっ。

誰が、何故、どうして、というようなことが理解できたからと言って、今すぐそれをどうすれば、というアイデアが浮かんでくる訳でもない。

とにかく、ここは、まずい。

息が苦しい。

パニックから、過呼吸を起こしている。

部室内にいた同級生が、筑紫さんの異変に気付いた。

「……つくちゃん、どうした。具合悪い？　駄目なんだね!?」

「無理。むり。ここ、ムリ」

後はもう、〈ムリ〉という言葉しか出てこない。

——保健室までアタシが肩貸してやる！　付いてきな！

同級生の男前な声掛けに助けられながら、部室を後にした。

「あー。災難だったねえ」

保健の先生は、息も絶え絶えに担ぎ込まれた筑紫さんを寝台に寝かせた。

保健の先生もまた、視える・分かるの部類の人なのだそうで、「私もあるんだよねえ」と同情してくれた。

「イラスト部の部室って、同じフロアにプールがあるでしょ？　あのプールがねえ。そういうの集まりやすいんだと思うよ」

筑紫さんは、視える・障るの部類というか、とにかく影響を被りやすいらしい。それが端的に体調の悪化となって表れるのだが、そのことを説明したり信じてもらおうとするのは何かと難しいことも承知している。

故に、親しい友人くらいにしか打ち明けたことはなかったが、保健の先生もどうやら同類であるらしかった。

「……この手の話は信じない人のほうが多いから仕方ないけど、私もそういう経験あるからねえ」

先生の場合は、写真なのだという。

「写真を撮ると、ピースサインで写ってくる人がいるんだよね」

例えば、誕生日パーティー。例えば、身内の還暦や白寿のお祝い。例えば、親戚や友人の結婚式。

そういった賑やかしくも喜ばしい催しで、写真を撮る。スナップ写真やら、集合写真やら、皆が笑顔でフレームに収まるような祝い事のワンシーンを撮ると、それは必ず写っているのだという。

「ピースサインとかね。ただそれが、肘から上しか写ってない。顔も身体も写らず、とにかくピースサインそのものしか写らないんだよね」

とにかく祝い事限定で写り込んでくるのである。

カメラを構えた友人に限らず、写真館のベテランカメラマンが厳《おごそ》かに取った記念写真ですら、思いがけない場所から突き出されたピースサインが写り込んでいるという。

「誰なのかさっぱり分からないんだけど、何される訳でもないからいっか、って。しかもそれ、今もずっと続いてんのよ。まあ、そういうのはよくあることかな、って。私は力にはなれないけど、今回は災難だったね」

映画館と観客

筑紫さんが映画を見にいったときの話。

予約で取ったのであろう特等席には学生カップルが座っているし、仕事をさぼっているのかスーツ姿のサラリーマンが、ぼんやりスクリーンを眺めていたりする。

曜日のせいか上映作品のせいか、その日の館内は空いていて空席が目立った。

であるにも拘わらず、館内は満席だった。

ぽつりぽつりと埋まっている席と席の間にある空席に、人ではないものが座っている。

一人や二人でなく、当日券の売れなかった空席に腰を下ろしている者達がいる。

タダ見である。

そうかと思えば、座席後方の通路辺りに今どき珍しい立ち見の客がいる。

空いている席があるのだから座ればいいのに、とも思うのだが、立ち見客は立ち見客で薄暗い館内の宙空に、ぼんやりと浮かんでいる。

こちらもタダ見である。

劇場は満員御霊ではあったが、売り上げはさほど上がらなかったようだ。

＊

坂口さんが父親に連れられてコメディ映画を観にいったときの話。

シアター入り口の券売機の前でもたついている人がいた。

財布を握り締め、目当ての上映館のボタンを押しているのに、券売機がうまく反応しないらしい。どうにも困り果てている様子が窺《うかが》える。

お金、入んないな。

ボタン、うまく押せないな。

動作しない機械の故障を疑っているようでもあるのだが、並んだ別の券売機は問題なく動いている。

他の券売機も試してみたものの、やはり入金口にお金は入らず、ボタンを押しても動作しないようだった。

迫る上映時間を前に、狼狽《うろた》える気持ちも分かる。

だが、その表情は分からない。

何故なら、首から上が見当たらないのである。

この人、まだ生きているつもりでいるのだろうか。

律儀にお金を払って入ろうとしているのだろうか。

一頻《ひとしき》り試した後、財布を握り締めた首なしの人は坂口さんと父親の後ろに並び、そのまままもぎりの前を通過してきた。

恐らく当人は何食わぬ顔をしていたのだろうが、実際には首から上が見当たらないので分からない。

首なしの人は、坂口さん達の隣の空席に陣取った。

開始のベルが鳴り、館内が暗くなると作品が上映され始めた。首なしの人は消え去ることもなく、そのまま座席に腰を下ろしている。

このまま見るつもり、なのだろう。

タダ見である。


上映作品はコメディだったので、要所要所に笑いを誘うシーンがある。

故に、劇場内から時折くすくすと笑い声が漏れてくる。

ふと隣を見ると、首なしの人が口元と思しき空間を押さえていた。

たぶん、笑っているのだろう。

まあ、肝心の首から上がないので本当のところは分からないのだが、小刻みに肩を揺すっている様を見る限りは、恐らくウケていたのではないか、と思われた。

空席

視えて困ること、不便なことってありますか？

この問いは、取材中に折に触れて訊ねるようにしている。望まぬ力と認識されている方からはおどろおどろしい回答が得られることもあるが、大抵は些細で、しかし切実な回答がある。

「誰も座らない座席って、躊躇《ちゅうちょ》するんですよね」

「それね」

筑紫さんと坂口さんは口を揃えて言う。

例えば電車。例えばバス。

時間帯に拘わらず、ぽっかりと席が空いていることがある。

車内がそこそこ混んでいて立っている乗客もいるのに、丁度一人分だけ空いている座席には誰も座らない。

大抵そういう座席には、〈誰か〉が座っている。

この辺り、視え方が異なるらしい。

誰も座ってない、空いているように見えるのに誰も座らない。

或いは、空いている席に人が座っている、ように見えるので誰も座らない。

「あのですね。座っているのが、人なのか人でないのかの区別が付かないんです。何か座ってるな、というのは分かるんだけど、それがはっきりと人なのか、人じゃないのかが分からない」

「あるある。概ねそういうのは、人じゃないほうが座ってるんですよ。だから、隣空いてますか、と声を掛けていいやらどうやら、それが分からなくて困るんです」

声を掛けた相手が人間で、隣に何が座っているか見えてなければ怪訝な顔をされる。

声を掛けた相手が人間でなければ、周囲の人々にやはり怪訝な顔をされる。

うっかり人間でないものに声を掛けて、懐かれるのは尚困る。

区別は付かないものなんですか、と問うと、

「大抵の場合、足はあるし透けている訳でもないし、血まみれでも場違いでもない。本当に区別が付かないんです」

なるほどなるほど。難儀である。

レジ客

その日は夜勤明けだったので、坂口さんは比較的早い時間に職場を出ることができた。

とはいえ、このところ出勤続きでまともに買い物もできていない。冷蔵庫の中は恐らくすっからかんであろうと思われたので、自宅に向かう道すがらにあるスーパーマーケットに寄ることにした。

マヨネーズはまだある。マーガリンはぼちぼちないはず。

レトルトのカレーの買い置きは少し足しておきたい。

最近、新鮮な野菜を食べてない気がする。患者と向き合う仕事をしている自分が、こんな不摂生ではいけないと思うのだが、多忙という言い訳が理想の暮らしを覆い隠す。

なけなしの罪悪感からトマトの一つも籠に入れて、レジの列に並んだ。

丁度、夕飯の支度を始める人々で混み始めるタイミングだったらしい。近所の奥様方やら、学生さんやらがレジ籠をぶら提げて列を成している。

坂口さんの並んだ列の幾つか前に、それはいた。

一言で言うならそれは異形である。

人のようでいて、人ではない。

人の形を取っているようでいて、人の本来の形とは何処か違って歪《いびつ》である。

自分がもう既に死んでいることに気付かないまま、生前の習慣を繰り返す霊というのはたまに見かけることがある。夜の墓地やら夜の踏切やらの如何《いか》にもな場所ではなく、日常的な生活圏をうろうろする輩である。

だが、どうもそれとも違う。

何故なら、その異形はスーパーのレジ籠をぶら提げていたのである。

籠の中身は、カレールーやらキッチンペーパーやら新発売のスナック菓子やら。

つまりは、坂口さんを始めとする買い物客のそれと大差ない。異形がぶら提げている、という認識がなければ、意識もせずに見過ごす程度のありふれたものだ。

異形はレジ籠をぶら提げたまま、のそのそと隣のレジの前に立った。

一体、どうするつもりなのか、と固唾を呑んで見守った。

店員は、

「いらっしゃいませ」

と型通りの挨拶をして籠の中身をチェックする。

「全部で千二百三円になります」

異形は何処からか財布らしきものを取り出して、現金を出した。

――おお。現金派か。

「ポイントカードお持ちですか？」

異形は続いてポイントカードを渡し、釣り銭を受け取った。

「レジ袋御利用ですか？」

異形はエコバッグは持っていないようだった。

店員は異形に頭を下げた。

「ありがとうございました。次のお客様どうぞ」

店員も、レジに並ぶその他の客も、誰一人として騒ぎ立てなかったところを見ると、あの異形は〈ヒト〉の形を取って、そこに確かに存在していたのだろう。誰の目からも人にしか見えない外見と立ち振る舞いをしていたのだろう。

だが、坂口さんの目には、それは「人ではない何か」に見えていた。

具体的な比喩、似通った何かが何一つ思いつかないので異形としか呼びようがないのだが、しかし絶対に生きた人でも生前に人だった何かでもなかったことだけは間違いないのだという。

つまり、それらは何食わぬ顔で我々の暮らしの中に紛れている、ということになる。

そして異形はレジ袋をぶら提げて店を出ていった。

坂口さんは、ただただ異形を見送るしかできなかった。あの異形が、一体何処に帰っていくのかは、考えたくもなかった。

見えすぎる

「普段はサングラスを掛けているんです」

取材の折、初めてお会いした坂口さんは、そういえばサングラスを掛けていた。

理由を問うと、

「見えすぎるので」

と言う。

「サングラスを掛けていると、割と区別が付きやすくなります」

はっきり見える人は、ちゃんと生きている人。

そして、輪郭がぼやけて見える人は、たぶん生きていない人。もしくは人でない何か。

人の振りをして人の世に紛れ込んでいる何かの類だろうかと思う。

サングラスを掛けないでいるとどうなるのかと訊くと、

「区別が付かないのです」

と言う。つまりは、人か人でない何か、幽霊や異形の類と、普通に生きている人との区別が付かない。

そうすると、視界にあるものとどの程度の距離を取っていいのか分からなくなる。裸眼で視る幽霊は必ずしも半透明とは限らず、声を掛けていいのか、声を掛けられたときに返答をしていいのか分からない。

無愛想に振る舞ってスルーをした相手が実は実在の人間だったりしたら、それはそれで無礼に当たる。

身構えて考え翻弄され——結果、人に酔ってしまう。

以前、前から歩いてきた人とぶつかりそうになった。

よそ見をしていたのか考え事でもしていたのか、ぼんやり歩いていて不意に目前に現れた人と、互いの進路を塞ぎあってしまうことはままある。

「おっと」

坂口さんは慌てて身体を逸らし、進路を空けた。

その人は坂口さんを顧みるでもなく、まっすぐに歩いていく。

そして、坂口さんの真後ろを歩いている人と、やはりぶつかりそうになった。

……のだが、正面から来た彼は道を譲らなかったし、真後ろから来た人も道を譲らなかった。

二人は正面からぶつかり合い、真後ろから来た人が正面から来た人を突き抜けて、坂口さんを追い抜いていった。

坂口さんが避けた人は、つまりは人ではなかったのだった。

「私はそれ見てギョッとしたんですけど、むしろ真後ろから来た人のほうが私を見てギョッとしてたと思うんですよね」

だって、あの人どうして何もないところで急に一歩右に避けたんだろ、って。

追い抜きざま、真後ろから来た人は不思議そうにこちらを見ていた。

誰も寝てはならぬ

ぐっすり眠っていた。それは心地よく眠っていた。

ごく深い眠りであったが、何故かこの日は明け方にすっきりと目が覚めた。

筑紫さんの隣では、母が寝息を立てている。

日頃、ぐずぐずと二度寝を決め込みがちで、そのたびに「学校遅れるよ！」と布団を剥がされるのが常だったのだが、この日は母の寝顔を覗き込む余裕があったほどだ。

と、人の気配を感じて身体を起こした。

部屋には自分と母しかいないはずで、気配があるとしたら隣で寝こける母のもの以外ないはずだったが、足元に誰かいる。

布団とベランダに出るサッシ窓の間に、男がいた。

歳の頃は三十代くらい。

いつからそこにいるのかは知らないが、男は頻りに頭を下げていた。

挨拶をしている風ではなくて、こてんこてんに失態を詰《なじ》られている人が、取り付く島もない相手に対してひたすら謝罪し続けている、というのがより近い。

謝られている相手のほうは見当たらないが、男はとにかくぺこぺこ頭を下げている。

――謝ってる人がいるなあ。

感想はそれしか思い浮かばない。

男の身体の向こう側に、薄ぼんやり明るくなり始めたベランダの外が透けて見える。

透けて見えるということは、まあ……そういうことなのだろう。

ならばよし。

できることなど何もない。

そう納得して、布団を被った。

すっきりした目覚めを惜しむことなく、二度寝を決め込んだ。


翌日、やはり同じくらいの時間帯に目が覚めた。

夜の最も深い時間が終わりを告げ、暗い夜が紫色に染まって薄らと明るくなり始めてくる、そういう夜明け間際である。

そして筑紫さんの隣には母。

母は昨日と同じく、すうすうと寝息を立てている。

妙にすっきりした頭で足元を見ると、またしても闖入者《ちんにゅうしゃ》がある。

背の高い、四、五十代の中年男である。

ベランダに続くサッシの前で、右へ左へと小刻みに揺れている。

——首を吊っているなあ。

そう認識した。

どうやらカーテンレールで首を吊っているらしい。

カーテンレールから延びたロープの輪が、男の首を千切らんばかりに強く食い込んでいる。

男の背が高く見えたのは、締め上げられたロープで首が伸び、足先が床に触れるほどまでだらんと長くなっていたせいか。

いや待て。そもそも我が家のカーテンレールは、カーテンと風鈴以上の重量のものをぶら提げるのに耐えるほど強度があっただろうか。

が、それ以上のことはどうでもよくなって、二度寝した。


そしてまた翌日のこと。

中学生になって、筑紫さんは〈そういう何か〉の目撃頻度が上がり始めていた。

とはいえ、自宅である。そして、一昨日、昨日と二日連続である。

流石に三連チャンはないだろう、と高をくくって布団に入った。

驚くほどに安らかに眠りに就いた。

しかし、明け方近くになると、やはり鮮明に目が冴えた。

瞼を開くと前二日と同様の時間である。

カーテンの隙間から見える空は、漆黒から淡い紫に変わり始めている。

丑三つ（午前二時半）どころか丑を過ぎて寅も終わりに近い時間である。

ほぼ明け方、何ならもう朝なのである。

もちろん、こうして起こされたからには、きっとまた誰か来ているのだろう。

三十代の謝罪男、中壮年の首吊り男と来たのだから、今日辺りは白帷子《かたびら》の老人当たりだろうか。

うんざりした気分になって足元を見る。

赤いランドセルがくっきりと見えた。

六年生くらいの女子小学生が体育座りをしている。

いや、何でそこで小学生なん。順番どうなったん。

もう好きにしてくれ、と思った。

何故、朝方ばかりを狙って一発芸のような闖入者を見せられ続けなければならんのか、と諦観と苛立ちが綯《な》い交《ま》ぜになって腹が立ってきたが、寝た。

起床時間まであとまだ二時間くらいはある。半端な時間に起こされて睡眠時間を削られることなど、断固として許さない。

四日目は起こされなかった。

漸く叩き起こされムーヴメントが終わったか、と安心したのだが、その後は何度か不定期に叩き起こされるようになった。

起こされるタイミングは毎回同じなのだが、何を訴えているのか分からない。また現れる者も毎回バラバラで法則性も見出せなかったので、それ以上の詮索はしなかったし、原因を究明しようという気にもならなかった。

とにかく、眠りたかった。

中学生くらいから始まったそれは、就職のため家を出るまで不定期に続いた。

独り暮らしをするようになってからは、朝方に寝込みをどうこうされる現象からは遠ざかっていた。

就職して何年目のことだったか忘れたが、これまで毎年欠かさなかった年末の帰省を、その年は取りやめることにした。

実家に蟠《わだかま》りがあった、といった複雑で深刻な事情は特にない。このところ仕事が立て込んでいたので、家族も含めて誰とも会わず、人に気遣いをしないでゆっくりしたかったのである。

要するに、今年の年末年始はアパートに籠もって惰眠を貪るつもりであった。

予定は一切入れず、スマホの電源も落として、がっつり眠るつもりで部屋でゴロゴロしているうちに、すぅっと眠りに落ちた。深い深い眠りであった。

が、不意に意識が鮮明になった。

声が聞こえる。

二人か三人か、複数人の若い男である。

話し声は、隣室の壁側から筑紫さんの部屋の中に入り込んできた。

目を見開いて様子を窺うが、姿は見えない。

声だけがウェイウェイと騒がしく聞こえる。

盛り場で奇声を上げるパリピのような、居酒屋で騒ぐ学生のような、耳に障る最悪のノイズのようなそれが、部屋に雪崩《なだ》れ込んできた。

ウェイウェイと騒ぎながら、声は室内をぐるぐる歩き回っている。

ゴロ寝する筑紫さんを取り囲むような具合である。

これはもう、安眠妨害も甚だしい。

叶うなら、聞こえていないふり、寝ているふりを貫いてやってもよかったが、耳元でウェイウェイされ続けて堪忍袋の緒が切れた。

「……うるっせえええええ！」

怒鳴り声を上げて飛び起きた。

〈やっべ〉〈人いた〉〈起きてた〉

室内を徘徊していたウェイ系の声は消え、気配もなくなった。

「……今まで、年末は必ず帰省してたんですよ」

なので、今年たまたまそうだったのか、それとも毎年末、筑紫さんが帰省した後の部屋の中で、ウェイウェイやらかされていたのかは分からないのだという。

とりあえず、二度寝はしたそうである。

物件探し

筑紫さんのお兄さんが独り暮らしをすることになった。

「部屋探しするから付いていきてくれよ」

兄当人と、保証人になる母、そして筑紫さんはカナリア担当である。

「だっておまえ、〈視える人〉じゃん。俺そういうの全然分かんないから、おまえが一緒に下見してくれないと怖いじゃん」

筑紫さんのそういう能力については、この頃には既に家族公認であったので、随分頼もしく期待されていた。

飛び込みで入った不動産屋に条件を伝えると「それでしたら」と三軒ほどの候補を挙げてきた。

家賃や間取り、築年数などの、現地に行かなくても分かるような諸情報を見る限り、いずれにも問題はないように思えた。

それこそ物件の周辺の環境やら交通機関の接続の善し悪し、釣書と実地の比較などについては実際に行ってみないと分からないので、不動産屋の案内で現地に向かった。

一軒目。

「えー、こちらのアパートは築年数も浅く……」

と不動産屋が紹介を始めた。

鍵を開けようとしたその部屋のドアの脇に小窓があったのだが、その窓から家探し一行を凝視している人がいた。

鍵の掛かった無人の部屋。その〈室内側から〉である。

「お兄ちゃん。この部屋はやめたほうがいい」

筑紫さんは不動産屋が部屋の鍵を開ける前に言った。

「そうか。じゃあ、えーと、この部屋はやめときます」

不動産屋は怪訝な顔をしたが、「そうですか」と手を止めた。

二軒目。

「こちらも築浅で、前の方も綺麗に使われてます。もちろん清掃も済んでおりまして」

不動産屋は一軒目の反省からか、説明しながら手早く鍵を開け、ドアを開いた。

「さ、どうぞ中まで入って御覧下さい」

何しろ一軒目は中も見ないで忌避されている。

今度はせめて中を見てから決めてもらいたい。できれば無駄足は避けたい。

……セールストークへの熱の籠もり具合からも、その気持ちは分かる。

二軒目の部屋は、玄関が裏鬼門だった。つまり、反対側が鬼門。

筑紫さんは〈これは何かありそう〉と、身構えて臨戦態勢でいたのだが、筑紫さんより先に兄と母が口を開いた。

「あの」

「ここは」

二人は室内に一歩も足を踏み入れることなく筑紫さんを振り向き、

「……ここはいいや。次に行きましょう」

と、建物から離れるよう急かした。

不動産屋は「縁がなかったんですかねえ」と愛想笑いをしながら、階下へ下りていく。

母は兄妹に小声で言った。

「今の部屋だけどさ、何か腐ったような匂いしなかった？　魚が腐ったんだかドブだか分からないけど、気持ちの悪い生臭い腐臭みたいなの」

筑紫さんは、家族からも〈そういうのが分かる人〉と認識されているのだが、母はそういうものに無縁である。兄は妹のそうした力を否定はしないものの、兄自身はさっぱり分からない、所謂霊的不感症である。

その兄が、青い顔で首を捻っている。

「ドアが開いた瞬間にさ、足元がぞわってしなかった？」

理由は分からないのだが、ドア越しに室内を見渡した瞬間、総毛立ったのだという。

三軒目。

先二軒がそんな体たらくだったので、不動産屋の営業スマイルにも焦りと疲れがうっすらと浮かんでいた。

「こちら、駅近物件です。通勤に便利だと思います」

L字型のマンションである。ただしエレベーターはなく、階段のみ。

室内は特に瑕疵はない。母も兄も特に気になるところはないようだったし、筑紫さん的にも問題はないように思われた。

「じゃあ、ここに決めても大丈夫かな」

「いいんじゃない？　ただし、一つだけ」

筑紫さんは釘を刺した。

「階段、駅に近い側と駅から遠い側の二つがあるけど、必ず駅から遠いほうを使って」

「え、何で。不便じゃん」

「いいから、言う通りにして。それさえ守ってれば、大丈夫だから」

それ以上の細かいことには答えず、兄を納得させた後、この部屋で成約となった。

駅に近いほうの階段には女が立っていた。

黒く長い髪。

白いワンピース。

薄手のワンピースで彷徨《うろつ》けるような季節ではないはずだが、上着を羽織っている様子もない。

内見のとき、行きにも帰りにもそこにいた。

引っ越しの手伝いをしたときにもそこにいた。

つまりは、〈そういう輩〉であろう。

兄が独り暮らしを始めて幾分過ぎた頃のこと。

筑紫さんの脳裏に、兄のマンションの様子が像を結んだ。

時折、そうした映像《ヴィジョン》を、彼女の意志と無関係に見せられることがある。

今回は、件の駅寄りの階段にワンピースの女が立っているのが見えた。

あの女は確か、階段に立って外を向いていたはずだ。

だから顔は見えない。

だが、僅かに顔の角度が変わっている。

女の像は繰り返し脳裏に浮かんだ。

日を重ねるうちに、女がこちらを振り返ろうとしていることに気付いた。

あとほんのもう少しで、表情が見えてしまう。そんなところまできた。

筑紫さんは湧き上がる胸騒ぎを抑えきれず、兄の携帯にメッセージを送った。

『もしかして、駅側の階段使ってない？』

間髪を入れず、返信。

『最近寝坊しがちなんで、駅側の階段使ってる』

やっぱり。

あれほど念を押したのに、兄はあの女が立っている階段のほうを毎日使っていたらしい。

朝、そして帰宅時、毎日毎晩、女の前を通り過ぎていた。

女は日々目前を通る兄の姿を追うようになり、興味を向け始めた。

つまりはそういうことだろう。

『お兄ちゃん。すぐやめて。そこの階段、女の人がいるんだけど、その人、こっちを振り返りそうになってる。お兄ちゃん、見られてると思う。もうやばいから、絶対にそこ使わないで』

『分かった。ごめん。もうやめる』

妹の剣幕に驚いたのか、兄は即座に返信してきた。

「兄に緊急連絡を入れたのなんて、後にも先にもその一回きりです。でもそのくらい、やばかった」

兄への緊急連絡の後から、女の像は脳裏に飛び込んでこなくなった。流石の兄も言いつけを守っているのだろう。

もしも、あのまま階段を使い続けていたらどうなっていただろうか。

「うーん。たぶんですけど……完全に振り返ったら憑いてくるタイプの奴だったのでは」

今際の彼

坂口さんは看護師である。

ただし勤め先は病院ではなく、老人介護のための特別養護老人ホームである。

二〇二一年春の既刊『鬼怪談 現代実話異録』に収載された鬼を巡る怪異譚「琹」は、坂口さんが四国にお住まいであった頃の勤め先での出来事なのだが、ここでは仔細は割愛するので興味をお持ちの方は『鬼怪談』を御一読いただければ幸いである。

この琹を巡る事件の後、坂口さんは紆余曲折《うよきょくせつ》あって郷里を離れ、二〇二〇年の夏に上京してきた。

今も以前と同じく、関東の特養施設にお勤めである。

特養施設の入所者は、その殆どが自力で日常生活を送るには些《いささ》か難のある老人ばかり。虚弱であったり、加齢による年相応の衰弱であったり、或いは回復の見込みが難しい病を抱え、家族の負担を憂いてその最期の時間を静かに過ごすために施設への入所を選ぶ。

通常の病院と違って、患者が回復して健康を得て退院退所していくことはまずない。

また、通常の老人ホームと違って、健康に何らかの難があり自力生活が難しい……つまり、命の灯火が消えゆく少し手前の老人が多いということは、回復を見込む病院や長期生活を目指すホームとは異なり、死が遙かに身近にある場所であるということでもある。

手持ちの時間にまだ十分な余裕がある若者にとっては、死は恐れるもの、避けるもの、可能ならば先送りにすべきものである。

しかし、残り時間がもうさほども残されていないことを悟っている老人の多くは、次第に衰弱してゆるゆると消え入るように亡くなっていくことを望んでもいる。

特に、明け方など、眠っている間に心停止してしまうのは、苦しみを得ずに世を去る最良の死に方だと言えよう。

「苦しまず、ぽっくり逝けたらいいねえ」

苦しまずに大往生というのは老いていけば誰もが辿り着く最期の望みなのかもしれないが、なかなか望み通りに行くとも限らない。

多くの場合、数日前から前日くらいに容態の急変が起きる。

発熱、呼吸不全から始まる意識の喪失であったり、心拍の低下であったり。それは死の予兆であり、その患者が人生を終えることを示すシグナルである。

その望まれざる予兆は、施設の看護師達に緊張とその時への覚悟をもたらす。

坂口さんには、その入居患者に急変が起きそうなときに、教えてくれる者がいる。

予兆が起きてから知らせてくれるのではなく、「そろそろ明日にも、急変の予兆が現れそうだ」という段階――予兆の予兆を知らせてくるのだ。

大変にありがたい話だが、それはベテラン看護師なら誰でも得られる経験上の能力というものでも、施設側の最新設備によるものでもない。

それは枕元に立つ。

急変前夜、就寝中の坂口さんの枕元に、〈彼〉が立つ。

特に言葉を発することもなく、誰が、どのように、という具体的な説明を伴う訳でもないのだが、彼が枕元に立った翌日には入居患者のいずれかに急変の兆しが現れ、数日も保たずに亡くなる。

それは常に的中する。

患者の家族にとっては、およそ死神のようにも訃を告げる災いの使いのようにも感じられるかもしれない。しかし、看護師にとっては「患者の死と対面する覚悟を決める心構えを持つ準備」を僅かなりとも先んじて知らせてくれる。

一面に於いて、ありがたい助手と言えば言える。

＊

坂口さんの御実家は四国香川にある。

香川の実家は、坂口さんの祖父が若い頃に土地を買って新築した家であると聞く。

祖父を祖とする坂口さんの一族はそこで生まれ、育った。

〈彼〉はその家にいた。

坂口さんが物心付く頃には既に当たり前のような顔をしてそこにいたので、恐らくは彼女が生まれるよりも前から居着いていたのではないか、と思われる。

とはいえ〈彼〉の顔はよく分からない。首から下ははっきり見えるのだが、顔はぼんやりしている。

もちろん、〈彼〉は家族の一員ではない。

親族親戚の誰かということでもない。

存命の親戚や従兄弟の中に該当者はおらず、既に鬼籍にある親族の誰かということでもないらしい。

坂口さん以外がそれを見咎めることはなかった。

恐らく彼女以外には存在を気付かれもしていなかっただろう。

が、〈彼〉のほうも、坂口家の人々を特に気に留める様子はなかった。

見かけるたび、家の中でのんびり寛いでいる。

家人とともに居間の座卓に座っているかと思えば、窓辺から近隣の田畑を眺めていたりする。

縁側に寝ころび、遠く山々の峰に浮かぶ雲を追っているかと思えば、寝息を立てて午睡《ひるね》をしている、ようにも見える。

そして時々庭を見て回っていることがある。

花を愛で、垣根を覗き、庭石の袂をジッと見つめたりする。

そして、特に何もないところにしゃがみ込んで、そこから動かないことがある。

何かを捜している風でもある。

ただ、門扉の辺りまでは行くものの、この家から出ることができないのか、そこからたった数歩で出られるはずの路肩に踏み出す様子を見たことはない。

〈彼〉はこの家とともにあり、敷地内だけがその居場所であるかのようだった。

坂口さんがまだ実家住まいだった頃、何かの折に家族で旅行に出かけることになった。

法事だったたか行楽だったたか、細かいことはあまりよく覚えていないが、家族全員が家を空けるというのは非常に珍しいことだった。

「忘れものはないね？」

滅多にない機会に少し心が浮き足立っていたが、家のことについては〈彼〉がいる。

特に家族に害為す者ではないとて、得体の知れない者に留守居を期待するというのもどうかと思うが、家を空けていても支障はないような気がした。

が、〈彼〉は意外な振る舞いに出た。

駅へ向かう車内に〈彼〉はいた。

列車を待つ駅のホームに〈彼〉はいた。

空いた座席の一つにぼんやりと座り、車窓を流れる景色を眺めていた。

予約した宿に着き、通された大部屋で家族共々寛いでいた。

大部屋のバルコニーから、〈彼〉は宿の庭園を見下ろしていた。

家から、あの実家の敷地から出られないものなのかと思っていたが、どうもそういうことではないようだった。

宿に滞在中も、夕食時も、〈彼〉は家族に混じってそこにいた。

坂口さん以外、家族の誰も〈彼〉を認識することはないのだが、そのことを特に気に留める様子はなく、いつものように家族の一員のような顔をして、ただそこに在った。

以来、〈彼〉は坂口さんの側から離れない。

行く先々に付いてくる。

遊びに、学校に、仕事に、付かず離れず歩いて後を付いてくる。

これまで同様、害為すことはなく、特に何事も訴えないし求めることもない。

何のため、何故、という疑問は残ったが、さほど気にもしなかった。

*

〈彼〉が庭先を歩くとき、何かを捜している風に見えることが気になっていた。

何かを捜しているのだとして、それは小さく、隠されやすく、なくしやすく、見つけやすい大きさの何かではないだろうか。

それを筑紫さんに相談したことがある。

「……それは、文《ふみ》を捜しているのでは?」

言われて、以前見た夢を思い出した。

夢の中で〈彼〉は文を認《したた》めていた。

文は見えたが達筆すぎて内容までは読み取れない。

だがそれが、別の誰かへの返信であることは分かる。

別紙に綴《つづ》られた流れるような文字に見入る〈彼〉の表情は柔らかで、また焦がれるようでもあった。

〈彼〉への手紙の送り主は思い人であろう。

〈彼〉の手紙の送り先もまた同じ人物であろう。

所縁由来までは分からないものの、逢瀬も叶わない距離にいる誰かと心通じ合わせるための手紙であろうことは分かる。

〈彼〉は今風の出で立ちではない。

ボタンの付いた衿のない木綿のシャツに絣《かすり》を羽織り、それに袴。

つまり、恋文を認めたものの、その文を思い人に渡すことができなかったのではないか。

どのような事情なのか、〈彼〉の身に何が起きたのかまでは分からないが、彼は思い人に渡すつもりの手紙をなくし、渡せなかった手紙を今も捜している。

ただ、〈彼〉がその文を認めている場所が何処であるのかは分からない。

少なくとも祖父の建てたこの家とは思えない。

祖父が家を建てる以前、元々この辺りは田畑であったと聞く。

〈彼〉は昭和よりも前の時代を過ごしているように見えたし、この家が建ったのは祖父の年齢を考えれば恐らくは戦後のかなり早い時期では、と思われる。

恐らくは元あった〈彼〉の住処は潰され、売りに出され、田畑に代わり、田畑を潰してできた土地を坂口さんの祖父が買い取り、そこに家を建てた。

土地というより、手紙の在処を捜すことに縛られた〈彼〉はそこを動けず、後から家を建てた坂口家の人々には目もくれず、ただただ手紙を探し続けている。

「庭を捜しているのは、そういうことじゃない?」

なるほど。

では、坂口さんに付いて家の外にまで出歩くのは何故なのか。

*

時は過ぎ、二〇二〇年夏のこと。

既に特養施設に勤める看護師として経験を重ねていた坂口さんは、このとき仕事の研修のため地元香川から出て大阪を訪れていた。

あの旅行以来、家の敷地から出るようになっていた〈彼〉は、坂口さんの行く先々に付き従っていたが、このときもいつもと同じように研修に付いてきた。

〈彼〉は案外に紳士であるようで、いてほしくない場面では姿を現さない。移動中、寛いでいるとき、ふと気が緩んだときに、視界の隅にいる。特に害為すこともなく、特に何も求めない。ただそこに在るだけ、というスタイルをいつものように貫いている。

この頃、坂口さんは人生の重大な転機に直面していた。

個人的な話になるので仔細は割愛せざるを得ないのだが、大阪での研修中に故あって香川の実家と絶縁することを決めたのだ。

そうなる予感はあった。必要なものは研修の荷物に紛れて持ち出している。

研修中の宿で一人、これからの身の振り方について考えをまとめる。

一人で生きていくのだ。家族に身を委ねることはもうしないつもりだ。

「だから……もうあの家には戻らないつもり」

誰にともなく言う。

いや。

この決意を聞かせておかねばならない人に向けて言う。

〈彼〉は坂口さんの過ごす宿の一室にいた。

家を出たときには、まだそうする確信があった訳ではなかったが、こうなった以上、〈彼〉を巻き込んでしまっていることは確かだったからだ。

少なくとも香川の実家の人々のうち、〈彼〉を明確にそれと認識できているのは坂口さん一人だけである。

親も祖父母も親戚も、「見知らぬ誰かが家の中にいる」ことを知らない。

また、〈彼〉が坂口さん以外の誰かに付いて家を出ていった様子を見た記憶はなかった。

彼が単身であの家の外に出ることもなかった。

もう一度、今度ははっきりと〈彼〉に向けて訊ねた。

「私はあの家に帰らない。あなたは帰りたいだろうと思うし、あの場所にいるべき理由があるなら帰るべきだとも思う」

〈彼〉は、坂口さんの元を離れてあの家に戻るだろう。そう思ったのだが、〈彼〉からの返答はない。今までも、これとはっきりした意志を見せたことはなかったから、返答は特に期待していなかった。

ともあれ、いずれ自分の元からは消えてしまうのだろう。

これまでいつもともにいた〈彼〉とも縁が潰《つい》えてしまうのだろうことに、一抹の寂しさを覚えた。

坂口さんは大阪での研修を終えると、その足で東京へ向かった。

以来、香川には戻っていない。

＊

東京では香川時代と同じように特養施設に職を求めた。

増える老人、増える需要、しかしそれを満たすには圧倒的に足りない人手。香川時代も特養施設の人手不足は目を覆うばかりだったが、それは東京でも大差ない。

故に、勤め先はすぐに見つかった。経験者の待遇はよく、根を下ろす先を見つけることも容易だった。

結論を言えば、〈彼〉は香川の実家には戻らなかった。

大阪から東京へ、新しい職場へ、新しい住処へ、〈彼〉はそのまま付いてきた。

以前は首から上がぼんやりとしか見えなかったが、東京に来てから顔までがはっきり見えるようになった。そこが大きく変わったところだ。

風体は香川時代と変わらず、シャツに絣に袴姿。香川のあの古びた実家にいても浮いた存在だったが、目まぐるしい都会の街中にいても、やはり据わりのよくない姿だった。

〈彼〉自身は特にそれを気にすることなく、坂口さんの行く先に付いてくる。

それでいて、勤め先の特養施設の中には入ってこない。

気に入らないのか遠慮しているのか、仕事の邪魔になってはと考えているのかどうかも分からないのだが、仕事中に彼の姿を目で追おうとすると、大抵は窓の外に姿が見える。施設の外、路上、庭園めいた植え込みやベンチに腰を下ろし、ぼんやり寛いでいる。半透明な存在でもなく、そこにいる普通の人々と大差ないようにしか見えない。

ただ、坂口さんを除いて他の誰にも認識されることはなく、〈彼〉が他の誰かに関わろうとする様子もない。

が、香川時代と変わらず、〈彼〉は坂口さんの枕元に立つ。

患者急変の〈予兆の予兆〉を知らせにくるのである。

枕元にぼんやり立っている訳でもなくて、どうも何かをしているようなのだが、何をしているのかまでは具体的には分からない。

〈彼〉がそうやって坂口さんの枕元に立つと、それを合図として翌日にはトラブルが起きる。やはり百発百中であるという。

「立場的に、〈助かってる〉と言ってしまってはいけないんでしょうけど」

それでもやはり、不意打ちを避けられるだけでも大分違う、と言う。

だから、助かっている。ありがたい、頼もしいことだと思っている。

＊

普段、実話怪談では、あったることだけを書き残すようにしている。

その上で、足りないピースをかき集め、何故そうなのか、を考えることもある。

取材を終えてこの稿をまとめる段になって、ずっと気になっていたことがあった。

〈彼〉は文を捜すために香川の家に留まっていた。

旅行の後から、坂口さんに付いて家を出られるようにはなった。

坂口さんが出奔を決意された折、香川には帰らずにそのまま東京まで付いてきて、今に至る。

何故、〈彼〉は香川に帰らなかったのか。帰れなかったのか。

帰ろうという意思があったなら、坂口さんに何らかの干渉があってもおかしくなかったのではないか。帰らないと決めた坂口さんに、香川に帰らざるを得ない害為す何かを働きかけてもいいはずだ。

だが、家に戻らず坂口さんに付き従い、東京にまで来ているのは何故か。

もう香川の家に戻る必要がない、ということなのではないか。

つまり、いずれかの時点、恐らくは家族旅行と前後する時期に〈手紙は見つかった〉のではないか。或いは、手紙を捜すのを諦めたのか。

しかし執着、この場合は思い人への懸想文への拘《こだわ》りでこれまでにずっと在り続けてきた者が、それを簡単に諦めるだろうか。

〈彼〉を認識できるのが坂口さんのみだったとしても、〈彼〉が坂口さんに付いてまで家の敷地の外に出歩く理由は何か。

僕が三十年に及ぶ怪談取材経験の中で聞き及んできた例に当てはめるなら、〈彼〉は手紙ではなく、香川の家の敷地の外に、思い人のほうを捜すことにしたのではないか。

それならば、出奔した坂口さんに付いていくのは理に適っている。

大阪へ、それより大きく遠い東京へ。

坂口家の人々にも坂口さんにも特に害為すことはなく。何も求めず、何も応えない。

いつもぼんやりしていて、何かを捜しているようでいて。

いつかの機会に、ともすれば百年近くに及ぶ長い懸想を諦めず、いや逢瀬の機会を待っているのではないだろうか。

怪談の取材では、裏を取って真意を確かめられるのは体験者までで、過去の記憶の中にのみある霊の類の意向を確かめることはまず不可能だ。

だから、実話怪談は本来、あったることしか書けない。

もちろん、直接訊ねられるなら訊ねてみたいところではある。

「それで……その方は、いつも坂口さんと一緒にいるんですか？」

取材の折、渋谷の喫茶店の店内で、僕は坂口さんにそう訊ねた。

「ええ、いつもいます。大抵は近くに立っていますね」

「今も？」

「今も。そこにいますよ」

僕の右後ろ辺りを促されて振り向いてみたが、僕には分からなかった。

渋谷スクランブル交差点

筑紫さんと坂口さんへの取材は、同日に同じ場所で行われた。

「琛」で語られた出来事にも関係するかの二人には、浅からぬ因縁めいたエピソードがある。このため、それぞれの視点を踏まえた両者の話を同時に伺う場を設けていただいたのだ。

場所は、渋谷スクランブル交差点のスターバックス。

東京在住ではない人には馴染みがないと思うのだが、ハチ公のある側を出て世界有数の巨大交差点の北側に位置するファッションビルの二階、南面に位置している。

この店内で待ち合わせ、およそ四時間半にも及ぶ長時間の取材となった。

筑紫さんと坂口さんのお二人は北側の通路の壁に背を向け、僕は背もたれのない椅子に腰掛け南側……スクランブル交差点側に背を向ける格好でお話を伺った。

核心に迫る話、進行中の話、雑談を挟んでポッと思い出した昔話、少し戻って記憶を補完する別の話など、あれやこれやと話が続く。

お二人は交互に話され、僕はレコーダーで記録を録りながらお話を聞くのだが、坂口さんが時折、気もそぞろに視線を泳がせる。

何かを気にされている様子であった。

書生姿の〈彼〉が僕の背後に立っているらしいことは聞かされた後だったが、坂口さんは〈彼〉について「何も害為すことはなく、特に何も求めない人だ」と評していた。

いつも付いてくる、特に何もしないでぼんやりしている、とも。

だから、殊更に〈彼〉について気に掛けることはないのだ、というようなことも、ここまでの取材で聞いている。

その坂口さんが、僕の背後を気にしているとなると、それは何かと気になってくる。

「あの……何かありました?」

そう水を向けると、

「さっきから足が通るんです」

筑紫さんも頷《うなず》く。

我々が陣取るスターバックスのテラス席は、交差点を見晴らす側にはカウンターが並んでいて、我々が座る壁側のテーブル席は隣席との間にアクリル板のパーティションが立てられている。

その間に、ちょっとした通路がある。

足が通ると言われて、背後を振り返った僕は通路に何かがいるのかと考えた。

もちろん僕には何も見えはしないのだが、坂口さんは「そうではなくて」と何某かの説明を付け足した。

「あの、窓の外です。交差点のほうに足が見えて」

僕の想像していたものは、「窓の外を歩く足の霊」の類とかそういったものだったのだが、彼女はまた首を振った。

「大きいです。凄く大きな黒い足」

ここから先は位置関係の説明が必要になるため、若干冗長になることをお許しいただきたい。

渋谷に土地勘がある人は、スターバックスから南を見晴らす視座を思い出してほしい。

渋谷に土地勘がない人は、ネットの地図を開いてストリートビューか、３Ｄ表示で渋谷駅前スクランブル交差点を表示させてみてほしい。

渋谷ＴＳＵＴＡＹＡ二階のスターバックスからスクランブル交差点を見晴らし、公園通りから神宮通りに南下すると、忠犬ハチ公像のすぐ先に京王井の頭線渋谷駅・渋谷マークシティとＪＲ渋谷駅を繋ぐ連絡通路が見えるはずだ。この連絡通路の手前がハチ公、裏側にモヤイ像がある。

坂口さんは、「右から左に向けて、歩いていく足が見えます」と繰り返す。

地図上で言うと、ウェーヴ通りか渋谷中央通りのどちらか辺りにあるビルの陰から、巨大な足が現れるのだという。

店内二階の窓際からだとギリギリで連絡通路の下が見えるのだが、真っ黒くて大きいその足は連絡通路の下にしか見えない。

つまり、黒い巨大な足の脛から、下辺りだけが見えている、ということになる。足は京王側から渋谷駅側に向かって歩いている。

「なるほど……交差点や横断歩道にいる人、踏まれたり気付いたりしないんですかね」

「どうなんでしょうねえ……そもそも交差点にも何かいっぱいいるし」

「何かとは」

身を乗り出して訊くと、二人はくすくすと笑って肯きあった。

「交差点にはいますよね」

「います。たまに自分が死んでることを理解してない人がいる」

「そうそう。信号待ちしてる人ね」

坂口さんは、人とそうでないものの見分けが付きにくい、と言っていたが、何故、信号待ちしている人は区別が付くのか、ふと気になった。

「信号待ちしている〈人でないもの〉は、大体、人間に被さって立ってるんですすよ」

人間は他の人間が信号で立ち止まっていたら、何だかんだで距離を取って立つ。今の御時世なら尚のこと。気が急いて前の人に密着するにしても、交差点での信号待ちで満員電車ほどに張り付くことはまずない。

しかし、彼らは違うという。

「立っている人間に重なってるんです。存在が重複しているとか、肩車しているとか、そういう感じ？」

「そうそう。だから、〈あなた、何か被ってますけど大丈夫？〉ってなります」

そういえば以前、中年女性の股間に頭を突っ込み、まるで帽子のようにそれを被って道を歩いていく若い男の話を聞いたことがあったが、おおよそそれに近いものらしい。

それはやはり奇異なものであるので、日頃慣れているのであろうお二方でも突然出くわすと動揺してしまう。

が、ひっきりなしにそういう者が現れる人通りの多い交差点となると、そう珍しいこととも言えなくなる。

なので、足の話が出るまで特に引き合いには出さなかったらしい。

足のほうはというと、

「実は、今日の取材が始まってから、もう四回くらい見えてるんです」

進行方向は全て同じで、いずれも渋谷駅に向かっていく。逆はない。

お近くにお住まいの方、仕事や用事で渋谷駅を使われる方は、渋谷スクランブル交差点では特に気に留めてほしい。

妙なものを被らないよう。

大足に踏まれぬよう。

会ってない人いない？

コロナ禍以前、まだ出入国がうるさくなかった頃の話。

日本に長く根を下ろしているアニーちゃんは、久しぶりにフィリピンに帰郷した。往復の飛行機代も安くはないが、それでもたまには家族の顔を見たい。

アニーちゃんの帰郷を家族は殊の外喜んでくれた。

両親、兄弟姉妹、親戚、友人達、懐かしい顔と再会し、充実した休暇を過ごした。


日本への帰り支度を一通り終わらせ、明日にはいよいよ帰ろうか、という晩のこと。

「もうみんなに顔見せた？」

「うん」

「会ってない人いない？」

「うん」

今はネットもあるしスマホだってある。

とはいえ、日本と比べて通信環境が潤沢に整備されている訳ではないから、やはり写真を送りあって通話するのが関の山である。
何よりやはり、直接顔を見て話すことのほうが大事だ。
だから、帰郷中は思いつく限りの縁在る人々と時間を過ごしたのだ。
「大丈夫、大丈夫」
そう答えて顔を上げると、モルタル作りの家の壁に填《は》められたサッシ窓に顔があった。
少し高めの位置に取り付けられた窓には、防犯用の鉄柵がある。
その柵と窓ガラスの間から、よく知った顔がこちらを見ている。
祖母である。
祖母は窓の上のほうから柵の隙間に顔をねじ込んでこちらを見ている。
「LOLA《おばあちゃん》……」
そういえば、おばあちゃんとは話をしてなかったな。
と思い出しかけて、そこでアニーちゃんは気付いた。
――あ。おばあちゃん、もう亡くなってたんだっけ。
祖母の顔に表情は特になく、怒っている風でも悲しんでいる風でもない。
ただただ、久しぶりに会う孫娘を見下ろしている。

そのことを叔母に話すと、凄い剣幕で「何やってんの！　お墓参り！　今すぐLOLAのお墓参りしなさい！」と叱られた。

帰国便は予約してあったのだが日本への帰国どころではなくなり、大慌てで祖母の墓に参った、とのこと。

「こういう話、ニッポンでもフィリピンでも同じだよネー。死んだ人にも挨拶、大事」

ケニアの夜

二十年ほど昔、須郷さんは新婚旅行に思い切った行き先を選んだ。

ヨーロッパ、アメリカ、アジア、南の島なんてありふれたところではなく、絶対に一生思い出に残るような旅を！　と勇んで決めた行き先は、アフリカはケニア。

まず首都ナイロビに一泊した後、ケニアの南西、タンザニアの国境近くにあるマサイマラ国立公園を目指した。

日本国内の似非《えせ》サファリパークなど目ではない、本場のサファリツアーである。アフリカの大自然を思うまま堪能しようという、新婚旅行としては随分ワイルドな選択だった。

とはいえ、外国からの観光客も多い土地柄故、宿泊施設は比較的快適だった。

サバンナの丘にある、ちょっと張り込んだホテルのスウィートである。

ホテルは自然公園の最中《さなか》にあり、近隣に夜遊びのできる町のようなものもない。自然の雰囲気を堪能させるため、客室にはテレビなど文明を思い起こさせる娯楽も置かれていない。電気などホテルの自家発電で賄っているくらいで、夜十一時には完全消灯してしまうという。

正に文明から隔絶された、ワイルドの極北のようなシチュエーションである。

客室はそれぞれが独立した平屋のキャビンのようになっていて、野生動物からの防護を念頭に置いてかベッドルームはキャビンの中央部に設置されている。

また、屋外を一望できるガラス張りのラウンジもあり、宿の近くに寄ってくる夜行性の動物など見られまいかと期待していたが、日中の移動疲れもあって抗い難い眠気に勝てなかった。


夜半、目が覚めた。

あれほど疲れて、墜落するように寝入ってしまったはずだが、枕元の懐中電灯で時計を確認すると時間は二時過ぎ。

夜明けには大分時間がある。翌朝、早朝サファリツアーの予約を入れてあったので、起きてしまうにはまだ早すぎる。

二度寝を決め込もうと目を閉じる。

と、ベッドの足元が揺れ始めた。

日本人にとって慣れた地震の震動とは若干異なる。

もっと軽やかで、〈ポポンポポン〉とリズミカル。

床が揺れているのでも寝台が揺れているのでもない。

ベッドの下から何者かがマットを叩いている。

ドラミングかな、と思った。

隣で眠る夫が寝返りを打っているのか、それとも寝ながら貧乏揺すりかとも考えたが、夫は鼾《いびき》一つ掻かず熟睡している。

自分ではない、地震ではない、夫ではない。

そして尚、ベッドの下からのドラミングが止まない。

そこで、ここが日本ではなく、ケニアであることを思い出した。

正に動物に囲まれた自然公園の只中である。

(野生動物が入り込んできたのでは。例えば猿とか)

訓練され芸を仕込まれた猿とは違う。野生の猿は制御の利かない猛獣である。

まして、ガイドも居合わせない、備えもなければ車内でもないホテルの寝室である。

急に恐怖心が湧き上がってきた。

「……ちょっと!　起きて!　起きてってば!」

声を押し殺し、夫を揺り動かして起こした。

「……どうしたの」

「部屋の中に何かいる。ベッドの下。動物かもしれない」

夫は懐中電灯で室内を照らした。

部屋の四隅、荷物を置いたテーブルの近く、ベッドの足元。

一応、ベッドの下も覗いてみる。

「何もないな。気のせいじゃない？」

明日も早いから、あともう少し寝よう？　と促された。

夫はすぐに寝息を立て始めた。

須郷さんは〈怖い。怖いけど、この人と一緒にいれば大丈夫〉と、夫にしがみついて目を閉じた。

彼女がうとうとし始めたのと、それに気付いたのとはほぼ同時だった。

……ポポン、ポポン、ポポン……。

やはり足元からそれは聞こえた。

幽《かす》かな震動かと思っていたものは、はっきりとドラミングであると分かる音に変わる。

やっぱり夢じゃない。気のせいでもない。

夫をもう一度揺り起こすが、室内に異状なし。

三度寝を成功させた夫と違って、須郷さんは結局よく眠れないまま早朝サファリツアーに出発する羽目になった。

「昨日は結局あの後眠れなくてさあ」

早朝の動物を見、昼行性の動物を見、悪路をＳＵＶに乗ってドライブするワイルドなツアーを楽しみ、あれやこれやとアクティブなスケジュールをこなして、二日目が過ぎた。

「疲れてたか、枕が変わったかで寝惚けてたんじゃない？」

そう言われればそうかな、という気もした。

そして二日目の夜半。

……ポポン、ポポン、ポポン……。

前夜と同じことが起きた。

夜中の二時過ぎに須郷さんの目が冴えて起きる。

ベッドの下からドラミングが聞こえる。

夫は寝ている。

寝ている夫を揺り起こして確認するが、やはり何事もない。

横になるとドラミングが聞こえる。

「これはどういうことなの！」

たまらず、ホテルのマネージャーに訴えた。

音がする。動物が入り込んでいるということはないか。

しかしマネージャーは、そんなことは起こり得ないと首を振る。

「スウィートでなくて構わないから、他に空いているキャビンがあれば移らせてもらえないだろうか」

日本人は繊細だ、と笑われていたかもしれないが、背に腹は代えられない。

用意された別の部屋に移った。

これで安心、とベッドに潜り込む。

が、幾らもしないうちにドラミングが聞こえ始めた。

……ポポン、ポポン、ポポン……。

夫を起こしても無駄なのだろうし、そう何度も部屋を変えろと要求もできない。

夫を含めて自分以外は誰もそれを感じないし聞こえもしないというのだから、それ以上強く出ることもできない。

三日目の晩も概ね同様で、真夜中になると起こされてドラミングを聞かされる。

夜行性の動物や鳥と思しき何かによる鳴き声がホテルの周辺から聞こえてはくる。

しかしそれはあくまで、「建物の外からの環境音」のようなもので、振動を伴って部屋の中、ベッドの足元辺りから聞こえてくるドラミングとは明らかに異なる。

エアコンの室外機、何らかのモーター、そんなものも疑ってはみたが、そういう文明を感じさせるようなものはこのキャビンにはなく、そもそも自家発電装置が停まってしまう夜十一時以降は、懐中電灯以外の光源も何もないのである。

原因が分からない。

ホテルのマネージャーは「あり得ません。過去にも聞いたことのないクレームです」と首を傾げるばかりだったが、ケニア人の現地スタッフは「Wonderful!!」と喜んでいた。

かつてはアフリカ全土に棲息していたとされるマウンテンゴリラは環境変化や密猟によってその数を減らし、アフリカでもそれらと邂逅《かいこう》することは難しくなってきているのだという。

須郷さんが遭遇したドラミングの主が、ゴリラの精霊の類であったのかどうかを確かめる術は、今やもう遥かアフリカの彼方。

タマ

夜中に叩き起こされるのもたまったものではないが、なかなか眠れないのも困ったものである。

身体を動かして疲れ切ってということであれば熟睡もできようが、身体を壊して入院してとなるとなかなか眠れない。

入院患者にとって、夜寝て昼起きるというサイクルの維持は難題であるという。

そうは言っても消灯時間はあるし、朝は検温やら診察やらで看護師さんが起こしに来るし、むしろライフサイクルとしては健康になるのでは？　と思っていたのだが、

「色々やり尽くして暇潰しの手段を使い切ると……っていうか、やることがなくなると、もう日中はひたすら昼寝しちゃうんすよね」

入院理由にもよるのだろうが、寝て、病院食食べて、寝て、と日中を怠惰に寝て過ごしていると、昼間に寝すぎて夜眠れない、というようなことが起こりがちになる。

彼の場合がそれで、消灯時間になってもまったく眠気が来ない。

自業自得であるといえばそれまでなのだが、目を閉じても羊を数えても眠れない。

仕方なく病室の薄明かりの中、ぼんやり天井を眺めていた。

すると、不意に光源が揺らいだ。

天井灯でも読書灯でもない。

ぼんやりと丸く光る〈光の玉〉が、病室の入り口に浮いていた。

それは宙を滑るように移動し、彼が横たわるベッド近くの空中に静止した。

まるでベッドに横たわる彼を値踏みしているかのように思えた。

（うっそ。マジかよ！）

人魂かよ！　火の玉かよ！

何しろ病院であるので、〈その手の何か〉ということもあろうかと思いつつ、光の玉から目が離せない。

このまま睨み合っていたらどうなるんだろう。

眼力で打ち克てるのか。

それとも触れも祓いもできない何かに、自分は取り殺されてしまうのか。

ここは助けを求めるべきなのではないか。

患者の緊急事態を助けるため、病院側が枕元にナースコールを用意してくれてあるのだが、〈病室に光の玉が出ました〉というようなことを訴えるのに使っていいのかどうか逡巡した。

看護師が押っ取り刀でやってくる前に、あいつが俺を取り殺したらどうなるのだ、とも。

そこで、彼はベッドの縁に身体を起こした。

宙に浮く光の玉と接触しないよう、光の玉が逸《はや》って動き出さないよう眼力で威圧しつつ、点滴のぶら提がるキャスター付きの棒に取り縋《すが》り、そろそろと光の玉を避けて病室の入り口に辿り着く。

病室を脱出すると、その足で暗い廊下をダッシュし、煌々《こうこう》と明かりが灯《とも》るナースステーションに逃げ込んだ。

夜勤で詰めていたのは、たまたま顔馴染みの看護師だった。

看護師は笑みを浮かべ、

「あれ？　どうされました？」

と訊ねてきた。

彼は、病室の異常を訴えようとした。

……したのだが、動揺と動転とでここへ来て舌がもつれた。

「あのっ、たま、たたたた、たま。タマタマタマタマが！　タマが！」

光の玉が！　病室に！

その言葉が出てこなくて、タマタマタマタマタマと連呼していると、看護師は一瞬眉を寄せ、それから職業倫理に照らして酷く冷静に、しかし笑顔を絶やさず言った。

「陰嚢《いんのう》がどうしましたか？」

……えーと、光の玉は病室からは消えていたとのこと。

いるよ

買い物帰りに、いつもの道を歩いていた。

線路に沿って歩いていくと、駐輪場に親子連れがいた。

電動アシスト自転車の後部座席に付けたチャイルドシートに座る男の子と、その傍らに立つ若い母親である。

「ねえ、ママ！　見て！　ねえ！」

母親の気を引きたいのか、男児が一生懸命に話し掛けている姿は、何とも可愛らしい。

しかし気の毒なことにというか残念なことにというか、若い母親は気もそぞろで、息子の訴えかけにまるで耳を貸す様子がない。

「ママ！　ママってば！　いるよ！　ねえ、いる！」

男の子は線路を指差して母親の袖を引くのだが、母親の興味は変わらずスマホのほうに向けられているようで、「うん、そうだね、うん、いるね」と空返事をしている。

「そうでしょ！　いるでしょ！　いるんだよ！」

母親が空返事であることは分かっているようで、男の子は尚も視線の先を指差して訴え続けるのだが、その熱意はどうにも通じない。

一体、何がいるんだろう。

佐倉さんは興味が湧いた。

今どきの男の子の興味を引くものって何だろ。

動物か、鳥か、何か珍しい工事車輌でもいるのか。

男の子が指差す先を見た。

線路の上に人影があった。

人影というか、真っ黒い人型をしたもの。

それが線路上に突っ立っている。

それはゆらゆらと揺れて、厚みも分からない。

人のようではあるが、人ではないのだろう。

「マーマー！　いるんだってば！　いるよ！」

男の子の言っていることは正しく、確かに〈いた〉。

あの子が見えているのは今だけなのか、これから見えるようになるその第一歩なのかはさておいて、恐らく若い母親には見えていなかったのだろう、とは思った。

ともあれ、凝視していいものでもないような気がしたので足早にそこを離れた。

この道は買い物帰りに使うので、しばしば同じ駐輪場の前を通る。

黒い人影らしきものは、その後もたまに同じ場所で見かけることがある。

電車が通過しようがどうしようがそれとは無関係にそこに在り続けるもののようで、今以て線路上でひらひら立ち竦《すく》んでいる様子である。

カメラ

赤坂さんの娘さんが幼稚園に入園したとき、夫の祖父からカメラを貰った。

「これで曾孫の写真、いっぱい撮っておくれ」

それはフィルム式のコンパクトカメラである。

義祖父から貰い受けたカメラは、カートリッジ式のフィルムをポンと入れるだけの簡単なもので、面倒なピント合わせやシャッター速度の設定も不要。カメラ初心者でも、咄嗟《とっさ》に使えてシャッターチャンスを逃さない。

当時はデジカメの普及前で、フィルム式のコンパクトカメラの現役機もまだまだ珍しくなかった。

このカメラは、なかなか重宝した。

幼稚園の入園式もさることながら、日々の何げないワンシーンやら、家族旅行のお供やら、折に触れて子供達の成長の様子をフィルムに焼き付ける大切な相棒となった。

そんな、ある冬の休日のこと。

白鳥の越冬地として有名な沼がある。そこへ白鳥を見にいこうということになった。

家族四人、早朝からのドライブである。

夫の運転する車で目的地に辿り着く。

「……うわあ、凄いねえ」

家族全員がその光景に嘆息した。

一羽二羽でも見られたらラッキーかなと思っていたのだが、それどころではなかった。

朝靄立ち込める沼地の水面は、大量の白鳥によって埋め尽くされていた。

この沼地では白鳥は餌付けによって人慣れしていた。今でこそ鳥インフルエンザへの警戒などから餌付け禁止の地域も増えたが、当時は手ずから餌を食べてくれる個体がいるくらいには、渡来する白鳥と人の距離は近かった。

娘達は興奮し、盛んに餌を投げた。

その様子や、時折大きく羽ばたき水面を蹴って舞いあがる白鳥の様子などに、何度も何度もシャッターを切った。

その帰り道。

子供達は白鳥と触れ合った興奮が冷めてくると、今度は車に飽きてきた。

おやつにと買っておいた菓子やジュースで「もうじきおうちだから、あと少し待ってね」

などと子供の機嫌を取りつつ家路を辿った。

「はーい、おうち着いたよー」

声を掛けるも、はしゃぎ疲れたのか子供達はうとうとしている。

車内に散らかった菓子ゴミを手早くまとめ、眠りこけている下の子を背負い上の子の手を引いて自宅に戻った。


数日後。

「この間の白鳥の写真どうなったの？」

夫にそう言われて、まだフィルムを現像に出していないことに気付いた。

それどころか、あれ以来カメラに触った記憶がない。

そういえば近々娘の幼稚園のお遊戯会もある。

「まだ。もうちょっと待っててね」

急いで現像に出さなければ……とは思ったのだが、カメラが見当たらない。

現地で白鳥を撮り、帰りの車内でも少し撮影した気がする。

それから車から降りて……降りてからは一枚も撮っていない。

――降りるときどうしたっけ。

そこで赤坂さんは致命的なミスをしでかしていたことに思い至った。

車内のゴミをまとめた袋は、翌日のゴミの日に捨てた。

ゴミをまとめた袋の中に、カメラも入れっぱなしだった。

「……あーっ！」

貰って半年足らずである。

せっかくの厚意なのに、もうなくしてしまった――など夫にも義祖父にも言えず、赤坂さんは思い悩んだ。悩む間にもお遊戯会が差し迫ってくる。

そこで、市内のカメラ店やデパートを巡り歩いて、同型品を捜した。

幸い、発売から日が浅いものだったことなどから、どうにか同じメーカーで同じ型式、同じ色のカメラを見つけることができた。赤坂さんは虎の子のへそくりを取り崩して家族にバレないようにカメラを買い入れ、素知らぬ顔でお遊戯会に臨んだ。

その後も買い直したカメラは家族の歴史の一コマを記録するのに活躍を続けた。


一年ほど過ぎたある日のこと。

赤坂さんは部屋の模様替えをしていた。

子供達のための二段ベッドと壁の隙間には本棚があったのだが、ここは下の子が生まれる前から、もう数年来ずっと一家のガラクタ置き場になっていた。本やら玩具やら訳の分からない空き箱やらが詰め込まれ、掃除もされないままに埃を被っている。

「ここをどうにかしてやりたいと思ってたのよね」

こうしたガラクタ置き場の常で、次から次へものを積み重ねてしまうのでガラクタが地層を形成し、ガラクタに埋もれた最下層に至ってはいつからあるのか身に覚えのないもので一杯になっている。

これは要るもの、これはもう要らないもの、これは……と吟味しながら地層を掘り返していると、最下層から金属製のトランクが出てきた。

トランクと言ってもお菓子の詰め合わせか何かが入っていたような、キャラクターものの缶トランクである。もし菓子が入れっぱなしになっていたとしても、賞味期限はとっくに過ぎているだろうが、虫が寄ってくる原因になってはいけない、と蓋を開けてみた。

埃にまみれ半ば錆び付いた蓋を開ける。

そこには、カメラが入っていた。

あの日、あの白鳥を撮った次の日に、ゴミと一緒に捨ててしまったはずのものだった。

時速二〇〇キロ

彼女の言うことがよく分からない、と彼は言う。

酔っているのではなく、気が触れているのでもないのは分かる。

が、どうにも要領を得ないのだという。

曰く、

「おじさんはランニングにももひき。ブリーフを穿《は》いてる」

まあ、そういうおじさんはいるかもしれない。

「おじさんは街中にいる」

そこは分かる。おじさんは街中にいるものだ。

「部屋の中にもおじさんがいる」

待て。待て待て。彼女は独り暮らしのはずだ。

「おじさんは小さい」

そりゃまあ、背の低いおじさんだっているだろう。

「おじさんの身長は三十センチくらい」

それは……大分小さいな。

「おじさんは時速二百キロくらいで走り回っている」

新幹線の通過駅の話ではなく彼女の部屋の中の話だ。

「洗面台の蛇口の前をビュッ、シュッって行ったり来たりしてる」

そんなに……いや、何でそれでおじさんて分かったの。

「時々急停止してるから。ピタって。そのとき、〈あっ、おじさんだ〉って分かったの」

昔、お笑い芸人『磁石』の佐々木優介君と知り合って間もない頃、酒の席で聞いた話。

弊社の怪

水島さんの働くオフィスに関する話。

「ねえ」

「あっ、ハイ！」

先輩の声に反応して、水島さんはデスクから顔を上げた。

誰もいなかった。

「あのさ」

「ふぇ、ふぁい！」

不意打ちで声を掛けられたので、宮脇さんも間髪を入れず返事をした。

その後、話の続きが出てこないので、何事？　と顔を上げたが、声が聞こえたところには誰もいなかった。

同僚の声やら先輩の声やらが聞こえる以上、聞こえていないふりをする訳にもいかない。

うっかり返事をし損ねたとき、それが実体のある本人だったら色々支障を来《きた》すからだ。

故に、最初のうちは都度都度に返事をしていた。

聞けば、水島さんや宮脇さんに留まらず、職場の同僚達は同期も先輩も皆、〈声を掛けられるのだが、振り返ると誰もいない〉を経験しているようだった。

そのうち慣れてきて、一声呼ばれるくらいでは誰も振り返らなくなった。

「ちょっと！　誰のですか⁉」

「あっ、ハイ！」

と、思わず返事をして振り向いた。

仕事用具のことなのか、作業途中のものについてなのか、咄嗟に判断は付かないのだが、慌てて返答する。

作業机は綺麗に片付いていて誰もいない。

「……今、香本先輩の声しなかった？」

「したよね。でも先輩もうとっくに帰ってるよね」

水島さんと宮脇さんは顔を見合わせた。

「空耳だと思ってた」

「私も。でも、二人同時に聞いたってことは、これは空耳じゃないよね」

何かと残業の多い職場だったので、「あなた、疲れてるのよ」「私、疲れてるんだな」と、皆が皆〈この職場が忙しすぎるのがいけないのだ〉と思っていたのだった。

その後もあまりにも頻繁に同じ机から〈声掛け〉が起きるので、その机は封印された。

というか、雑多な道具やら荷物やらを積み上げる物置にされた。


この声掛けスポットの右隣に流しがある。

水島さんのデスクと流しの間はパーティションで区切られているのだが、デスクに向かって書き物をしているときに、視界の隅で何やらひらひらしている気配があった。

ふと顔を上げると、パーティションの向こうから手首が覗いていた。

すらりとした細い指に、整えられた綺麗な爪。

恐らく女性のものと思われたが、とても綺麗な手だった。

その手首から先だけが、自分を手招きしている。

何事、というか誰だろう。

招かれるがままに立ち上がり、パーティションの裏を覗いてみるのだが、誰もいない。

特に何をされるということもなかったので、良しとした。

視界の隅で何かがちらついて、というのはこういう話ではしばしば起きるが、右隣の手招き女に対して左隣には別のがいた。

やはり視界の隅を何かがちらちらするので、何だ何だとそちらを見た。

すると、床に足首が見えた。

ごつごつとした足首は男の足に見えた。

それは、ちょっとお洒落な靴下をチラ見せすると消えた。

この靴下男が現れたのは一度だけではない。

作業中、視界をちらついて注意を引くところは〈声掛け〉や〈手招き女〉と同じだが、靴下男は毎回、足首だけしか見せない。

そして、そのときに穿いている靴下を見せてくれるのだが、靴下は毎回異なるのだという。

靴下を見せる以上のことはしてこないので、まあそれで良しとした。

「この〈声掛け〉と〈手招き女〉と〈靴下男〉は同じ部屋にいるんですよ。私の作業室なんですが」

何事か悪事を働かれるよりはマシなのであろうが、仕事中に集中を邪魔されて気を散らされるのが酷く迷惑である。

大きなネズミくらいの黒い塊が、足元をうろうろしたりもするが、それだって大したことではない。ないが、やはり集中が途切れるのはいただけない。

「いや、っていうか……随分よく出るオフィスなんですね」

と応じると、

「そういう部屋が社内に三部屋あるんですよね」

いやそれ出過ぎじゃないですか、と。

三部屋それぞれに、全て別々の〈何か〉が現れるのだ。

二つ目の部屋にいるのは、拙著『恐怖箱 彼岸百物語（二〇一六年）』『「忌」怖い話 香典怪談（二〇一七年）』で、それぞれ「2 - ノネナール」として紹介している加齢臭の霊。あのタマネギが腐ったような匂いがオフィスの一室に蹲《うずくま》っているというもので、詳しくは前述の二冊を御覧いただくとして。

実はこの二つ目の部屋には、もうひとつ別のものがいるらしい。

「らしい、とは？」

「私、それは見損ねちゃったんですよ。同僚何人かが見てるんですけど」

それは椅子であるという。

オフィスによくあるごく普通の事務椅子。

この椅子の座面に、誰かの尻が腰を下ろしている。

座面がゆっくりと人の尻の形に沈み込み、椅子が軋むのである。

椅子に人の姿はないが、如何にも「今、ここに座っています」という様子で、椅子が使われている。

「それは私が帰った後にやってきたんだそうで、見たかったなーって」

こうした怪異譚では、目撃者は一人だけということが多く、再現性やら証明やらがどうしても難しいところではある。だが、大したことは起きていないとはいえ、こうも多数の目撃者証言者がいるとなると皆一様に慣れてきて、

「いいよもう。オバケってことで」

と、うんざりしてくるようで、幽霊を信じない人も〈幽霊の仕業〉で納得するようになっていった。

「それで、三つめの部屋というのは」

「ああ、それは」

このオフィスは、住宅街の中にあった。

オフィスには外階段から入るのだが、ある日の買い物帰りに一階から階段を見上げたところ、オフィスと隣接する民家の屋根に人影があった。

一人は中年女性。それと並んだもう一人は、年齢はよく分からないが男性である。

男性は、民家の屋根に沿って降りていくところだった。

何処かの工務店だろうかとも思ったが、男性はそのままオフィスの中に入っていった。

隣接しているとはいえ、民家とオフィスの入っている建物の間には相応の隙間がある。階段だってある。

だが、そうした空間や工作物を無視する形で、男性は屋根から滑るように社内に入っていった。

訪問客かなとも思わないでもなかったが、屋根から訪ねてくる客については心当たりが特になかった。

「で、この〈屋根男〉も何度も現れるんですよね」

夜半、残業していた水島さんが、ふと顔を上げると彼女の背後を通過していく屋根男が窓に映っていた。

例の屋根から降りてくる男である。

室内に入ったら水平移動するのかと思っていたのだが、そうではなくて隣家の屋根の傾斜と同じ角度のまま室内に入り、まるで屈みながら歩くようにじわじわ沈んで、その視界から消えた。

また別の日。

オフィスの入り口近くで、水島さんが先輩と立ち話をしていたときのこと。

立ち話というよりは、何かの話題について延々嫌味を聞かされていた。

その先輩の真後ろに屋根男が現れた。

視界の隅どころではなく、視界のど真ん中である。

姿もやたらはっきりと見える。

そしていつものように、社内の平坦な床をエスカレーターにでも乗っているかのように斜めに降りていくのである。

「何度も見てるって言っても、やっぱり不意打ちで目の前に出るとびびりますよね」

このオフィスではあまりにも頻繁にこういうことが起きたので……ということもないのだろうが、同僚の誰かが「オバケを探知する装置」とやらを持ち込んできた。

取り説を読むと、「オバケが出そうな場所で使うと、発光信号でそれを知らせます」というようなことが書いてある。

「近くに幽霊がいるとそれを知らせます、だってさ」

皆、話半分で面白がった。

この場合の話半分は幽霊がいるかいないかではなく、装置のほうがそれを探知できるかどうかのほう。それでも機械なんかで分かるものなのか？　という辺りに興味はあった。

まずは、幽霊目撃がなかった場所でボタンを押してみる。

ぴくりともしない。

そして、いよいよ目撃情報があった場所でボタンを押してみる。

屋根男の通過ポイント。光る。

「おー」

加齢臭の霊が居着いていたトイレ。光る。

「おおー」

見えない尻が座る椅子。光る。

「おおおー！　これ本物じゃない？」

そこで、〈声掛け〉〈手招き〉の場所で試してみた。

ビカビカビカビカビカビカビカビカビカビカ……。

猛烈に光った。

というか、取り説にも書かれていないような出鱈目な光り方をした後、突然電池が切れて止まった。

「おい、これ……」

暫く絶句していた先輩が、重々しく口を開いた。

「おいこれ。もう二度と持ってくるな。検査禁止」

以来、二度とオフィスでその手の検査は行われていない。

「ええと……何か大変ですね、御社」

「ええ、出過ぎですよね、弊社」

ビフォー・アフター

――トトトトトト。

――ダダン、ダダン。

――トタトタトタトタ。

今日も二階が騒がしい。

子供と思しき足音が聞こえている。

小さな子供がはしゃいで駆け回る足音である。

追いかけっこでもしているのか、隠れん坊でもしているのか。はたまた、踊り回っているかのように騒がしい。

ここはマンションではなく、壁の薄いアパートでもない。

二階建ての古い戸建てである。

だが、二階に子供はいない。

というより、水島家にはそういう年頃の小さな子供はいない。

預かってもいないし、近隣から忍びこんで遊んでいるということもない。

足音が気になるところだが、家族全員が一階にいるときでも聞こえてくる。

無駄足とは承知してはいるものの、念のためと二階に上がってみても当然子供はいない。

こちらの気配を察してか、そのときは足音が途絶える。

そして、家族が一階に揃っているときを見計らってなのか、忘れた頃になるとまた元気に駆け回る子供の足音が聞こえてくる。


そのうち実家のリフォームが決まった。

足音の件とは関係なしに、この家ももう大分古くなってきたから手を入れようということになったのだ。

事前に行った幾らかの打ち合わせの後、工務店が入って本格的な工事が始まった。

まずは一階からということで、最初は一階の天井板を張り直す作業から取りかかった。

見知らぬ他人が幾人も家に入ることなど滅多にないので、作業の様子など見学していると、ベテランの職人さん達は器用に天井板を外していった。

二階の床下と一階の天井の間に剥き出しの梁《はり》が見える。

工事用の照明で照らし出された、二階の床板の裏側は、真っ黒になっていた。

ちょっとギョッとする黒さだった。

焦げた、燃えたという燻《くすぶ》り方ではなかった。

階下で火を使うことはないし、タバコのヤニという風でもない。

近隣で火事があったことも記憶にはない。煤《すす》の類とも思えない。

かといって、黴《か》びている訳でもない。

何かの拍子に起きた水漏れが原因で、とも考えたが、広範囲すぎる。

また、あれほど黒く黴びていたならもっとカビ臭い匂いがしていたはずだが、長年暮らしたこの家でそういう異臭を感じたことは一度もない。

結局何やら分からなかったが、素人には分からない家屋の劣化というものがあるのかもしれない。

一階部分の天井板の張り替えの後、引き続き二階の床も張り替えるという。

天井と床板の作業に当たっていた工務店の職人に、

「うちの二階の床板、黒かったでしょう？　お恥ずかしい」

と阿《おもね》って労ったところ、職人は、

「……別にそんなことありませんよ」

と素っ気ない。

……だってあんなに黒かったじゃないか、と気になって剥がした床板を確かめようと思ったが、床板は見せてはもらえなかった。

リフォーム工事は程なく終わり、草臥《くたび》れていた家は見違えるように綺麗になった。

張り替え工事を終えた後は、足音はふっつりと聞こえなくなった。

箸を

加奈さんは、所用があって立ち寄った上杉神社でお祓いを受けたのだという。上杉謙信を祀っているという伝承のある、由緒ある神社である。

「祭神様は必ず南か東向きにお願いします」

その折、御祭神の札と、札を立てる用具、お守り、それに御神酒とお護符をいただいた。お護符というのは下げもののことで、供養に用いられた食物、多くの場合は日持ちする菓子類なのだが、このときのお護符はもろこしの菓子だった。

それに加えて、杓文字《しゃもじ》と箸が入っていた。

神饌《しんせん》を上げ下げするのに必要なのか、どういうタイミングで使うべきものなのか、そこのところが分からなかったが、ありがたいものなのだろうと思うと勿体なくて、ついしまい込んでしまった。

御祭神の札は、自宅の神棚の上にきっちりまっすぐに置いて拝礼した。

この日は昼食の支度をするのが何となく面倒だった。独り暮らしの昼食など手抜きになりがちだが、今日は母が送ってくれた混ぜ御飯で簡単に済ませようと思った。

一食分ずつ冷凍しておいた御飯を電子レンジで解凍し、皿に持ったものをリビングのテーブルに置く。

と、そこで箸を持ってくるのを忘れたことに気付いて、台所に戻ろうとした。

ところが、くるりと裏返された。

裏返されるというのが少々通じにくいかもしれないが、期せず意図せず、しかし強制的に〈回れ右〉をさせられたのだ。

と、同時に女性の声が聞こえた。

『お箸を使いなさい』

「はーい」

思わず声に出して返答した。

リビングのテーブルの上に、上杉神社でいただいたお箸が置かれていた。

影に影

とある朝のこと。

佐倉さんは、朝日を背に受けていつもの通勤路を歩く。

早朝、寝惚け眼を擦りつつ、目前に伸びる自分の影を追いかけるように駅を目指す。

T字路を過ぎた辺りまで来たところで、自分の影に重なるように更に別の人影が付け足された。

二人分の人影は道行きを長く伸びて進む。

と、そこで気付いた。

佐倉さんの影に付け足された影は、ずっと付いてくる。

朝日を受けて、とはいえ、そこまで長い影になるものだろうか。

前を歩く自分と影が重なるということは、後ろを歩く誰かはそれほど背が高いのか。

もしくは、よほど自分の真後ろにぴったり張り付いているのか。

足音が聞こえないのに?

高さは……例えば自転車とか。

いや、違うな。自転車なら徒歩の自分を追い越せないほど遅いとは思えない。ペダルを漕ぐ音もしない。

だが、自分のとは違う呼吸でブレながら動く影は、やはりぴったりと付いてくる。

背後に誰が――。

そう思って振り向いてみたが、誰もいなかった。

じゃあ、何の影なんだろう。

向き直ると、今し方まで張り付いていた影は消えていて、佐倉さん一人分の影だけが伸びていた。

自傷

森尾さんは二十代の初めの頃、都内にある看護師を養成する専門学校に通っていた。病に身を窶《やつ》す人、理不尽な事故に苦しむ人、そうした人々を一人でも多く助ける手助けをしたい。

誰もが必ずそうだ、ということではないのだろうが、自らの意思で看護師を目指す人の多くが、そうした使命感と熱意と奉仕精神を胸に、この世界の門を叩く。

が、そうした使命感と熱意と奉仕精神を、常に維持し続けるモチベーションを保つのは非常に難しい。

学ぶべき事柄が多すぎ、己の無力に打ち拉《ひし》がれ、目指すべき理想とする自分の将来像と、そこにまるで至らない現状の自分とのギャップに苦しむ。自分の仕事が命のやりとりに関わるものだということを、学ぶほどに気付かされてしまう。

二十歳そこそこでそうした重すぎる命題と向き合うことを求められる看護学生のメンタルには、凄まじいまでのプレッシャーが掛かるのだという。

ある者は、医療だけでは救えない人の心に寄り添う方法が何かないかと、救いをスピリチュアルな世界に求めてしまう。

またある者は自分の無力を責め苛《さいな》み、心を病んでしまうこともある。

森尾さんもまた幾多の先輩達が陥った迷路に沈みつつあった。

通学を始めて二年目の秋頃、あまり眠れなくなった。

手技を学ぶ実技科目では、正確さ、安全さ、速さなどが求められるが、睡眠不足はそれらの成功率を下げる。心が急けば、できることができなくなってしまう。

できて当たり前のことができなくなることで、また心が急き、自分の無力を嘆いて明け方近くまで眠れなくなる。

悪循環である。

同級生に気付かれないよう、心療内科にも足を運んだ。

鬱病である、と診断された。

患者を励まし、医師を助け、救う立場を目指すべき自分の心が、まだスタート地点にいるうちに折れ始めている。

そのことがまた、森尾さんの心を追い詰めた。

通院と服薬を重ねても状態は回復しない。

常に無力感、自責、罪悪感に取り憑かれる。

こんな無力な自分が誰かを救おうなど烏滸《おこ》がましいのではないか。

そんな烏滸がましいことを考える自分には、罰が必要なのではないか。

当然罰が与えられるべきところ、誰も自分の罪を責めてはくれない。

つまり、自分の罪を自分で裁かなければいけないのではないか。

患者さんの苦しみに比べ、それを支えるべき自分がこんな体たらくでは許されない。

自分にも痛みを与えるべきではないか。

自傷願望が色濃く募った。


ある日のこと。

履修済みだったとある科目について、森尾さんは授業参加を免除された。

同様に授業免除を受けた学友達は、余暇にバイトにとそれぞれ校門の外に散っていった。

校内はシンと静まり返っている。

今なら、できるのではないか。

何処か、誰もいないところでならできるのではないか。

抑えきれないほどに自傷願望が膨らんでいた森尾さんは、人気《ひとけ》のない校内に思いを巡らせた。

この専門学校には、校舎に併設される形で三階建ての学生寮があった。

森尾さんが入学する前年までは先輩達が入寮していたが、彼女の入学した年に廃止になっている。

建物はコの字型を描いており、一階の大部分は中庭になっていた。

一階には学生用ロッカーや休憩室などの共用スペースもあり、これらはレクレーションスペースとして学生に開放されていた。

他には、トイレとカウンセリングルーム。カウンセリングルームは、月二回、心理カウンセラーと相談をするために使われていたが、今日はその日ではない。

学生達の居住区として使われていた建物の二階から上は、寮が廃止になってからは閉鎖されている。階段は厳重に封鎖されて出入り不能になっている。

つまり今は誰もいない。

だから、やるなら今で、やるならここだと思った。

「自傷しよう」

ちょっと思いついて小旅行に行くような気軽さで、それを決めた。

筆箱にはカッターナイフを常備している。自傷のために持ち歩いていた訳ではないが、自分の身体を傷付けるのに、これほど手軽に使えるものはない。

ここで間違ってはいけないのは、自分は死にたい訳ではないということだ。

これは、自殺願望ではない。

ただ、無力な自分に罰を与えたいだけなのだ。

とはいえ、そうした自傷行為を誰かに見咎《とが》められたら困る。

何故、自分を罰せねばならないかなど、説明しても分かってもらえそうにないからだ。

廃寮の奥のトイレなら、誰も来ない。

森尾さんは薄暗いトイレの個室に入って、便座に腰を下ろした。

自分の呼吸音以外、何も聞こえない。都会の只中、真っ昼間の校内にしては耳が痛くなるほどの静寂が、キンキンと脳に刺さる。

左腕の袖を捲りあげる。

脈拍を測る練習や、採血の練習のためにそうするのと大差ない。

しかし、手首などを切ったら誰かに気付かれてしまう。

自らを傷付けたいのであって、傷付けた自分を見つけてほしい訳ではないから、傷口があることそのものを隠さねばならない。

だが肘の内側辺りなら、袖を捲らなければ気付かれない。

チキチキチキチキ……。

露出した左腕の肘の内側に、カッターナイフの刃先を当てた。

白い皮膚に青黒く静脈が浮かび上がる。

それを目掛けて刃先をなぞる。

だが、思ったほどには切れない。

手術用のメスならば、さほども力を入れずとも脂肪を切り裂いて血粒を生み出すことができるのだろう。

カッターナイフの刃はどうにも切れ味が鈍く、引っ掻き傷のような線ができるばかりだ。

これは、罰を与えようという覚悟が足りないからこの体たらくなのではないか。

苛ついて指先に力を込めると、漸く一センチ程度の浅い傷ができた。

やればできる。私にもちゃんとできた。

次はもっと深く、もっと長く。

同じ傷にナイフの刃先を当て、もう一度、もっと深く抉ろうと決めた。

――ガゴッ。

思わず手が止まった。

上階から物音。教室のリノリウムの上で、机を引き摺る音。

――パタパタパタ……。

サンダルだろうか、何人かが足早に歩く足音。
誰かがいる。
誰もいないのは確かめてここに来たはずで、二階には誰も入れないのも知っている。
だが、誰かがいる。
そのことで、不意に意識鮮明となった。
直前まで、曇り空の中でぼんやりと蟠《わだかま》っていたような気持ちが、サッと晴れた。
こんなことをしていてはいけないのでは。
自分に罰を与えなければ、という焦燥感のようなものも消えていた。
ナイフをしまい、立ち上がろうとした、そのとき。
キィエエエエエエエエエエエエエエッ！
トイレの外から猿叫《えんきょう》が響き渡った。
人ではない。獣。
それも、大型の霊長類の甲高い叫び声である。
夢ではない。むしろ夢から覚めたかのように意識ははっきりしている。
咆哮は尚続いた。
キィエエエエ！　キィエエエエエエエエエエ！

叫びながら、壁を叩いている。

疾走するほどの速さでトイレに近付いてくるのが分かる。

身を強張らせ恐怖に耐え偲んでいると、間近から一際激しい音が響き渡り、それきり静かになった。

森尾さんは、逃げた。


後日、顔馴染みの事務員さんにあの日のことを打ち明けた。

自傷を図ったこと。物音がして、踏みとどまったこと。

「ああ……それは、あなた達の先輩じゃないかと思うよ」

実は以前から、そうした物音やら何やらについての相談が度々あったのだという。

「昔、この寮に住んでいた卒業生や、在校中に亡くなった子達が戻ってきているようでね。自分達のようになるな、って後輩の心配をしてくれているんじゃないかって」

だからきっと、止めてくれたんだよ。死ぬな、ってことだよ。

事務員さんはそう話してくれた。

が、雰囲気がしんみりしてしまったせいで、猿叫については言えなかった。

あれは、「後輩を気遣ってくれる先輩の霊」なんていう代物ではないような気がした。

件の寮はその後取り壊され、跡地には新しい校舎が建っている。

森尾さんも卒業して久しいので、あの廃寮の足音と咆哮の主達が今校内の何処に居座っているのかについては分からない。

クレーム

不動産業を営む笠間兄弟から伺ったお話。

笠間（兄）さんの会社では戸建て分譲からファミリー物件、学生向けアパート、生活保護老人向け物件まで幅広く扱っているのだが、あるとき入居者からクレームが入った。

「部屋に何か出る」

クレームの主は笠間さんが案内して成約したファミリー向けマンションの住人である。

「ネズミじゃないかと思うんだが」

何か足音がするんだ。パタパタ言うんだ。

それと、気配もするんだ。動物？　うーん、動物だとは思うんだが、そこに何かいるぞ、って感じがする。

……電話ではどうにも要領を得ないので、〈とにかく伺います〉と現地に向かった。

こうしたクレームの多くは、大抵は「隣室や上階の住人由来の騒音トラブル」である。

完全になくすのは難しいのだろうが、管理会社からの注意喚起の形で静粛な暮らしをお願いするくらいしかない。

厄介なのはクレーム通りにネズミが出ている場合だ。

都内の住宅街やオフィス街には、この現代でも意外に多くのネズミがいる。しかも、ドブネズミ、クマネズミの類となると、そのサイズも思いのほか大きい。そうしたネズミが屋内に出没しているのが事実であるなら、物件の何処かがネズミの食害によって破壊されている可能性があるということだ。

であるならば、管理会社を通じて直ちに駆除の手配をしなければならない。


「こっちこっち」

件のマンションに到着すると、部屋の入り口で住人が手招いている。

失礼します、と室内に入って辺りを見回した。

玄関、廊下、キッチン、ベランダ、リビング……と視線を移す。

と、リビングに瑕疵《かし》があった。

天井付近の一角に、漆黒の靄が渦巻いている。

部屋に明かりは点いているが、そんなことと関係なしにその一角だけが黒く煙っているのである。

「あ、分かりました。ここですね？」

と、笠間さんは霧っている一角を指差した。

すると、住人はギョッとした。

「え。何で分かるの？」

そう驚かれてから、笠間さんは己の迂闊《うかつ》を呪った。

笠間さんは〈そういうのが分かってしまう人〉であるのだが、そのことを顧客の全てにカミングアウトしている訳ではない。〈視えるし分かる〉ことは、日頃は隠している。

むしろ、カタギの不動産屋が迂闊にそんなことを口走ってしまっては、お客の信用を失いかねない。

よしんば理解がある人や、或いは「藁《わら》にも縋る気持ち」になっている人に縋られてもそれはそれで困る。

何故なら、〈分かる〉というのは単純に気付くというだけの話で、気付いた上でどうにか解決できる手段や能力がある訳ではないからだ。祓ってくれ、退治してくれ、と懇願されたところで、その要望には応えられない。

故に、〈霊感がある〉などとはおくびにも出す訳にはいかず、このときも「いえいえ、勘が鋭いだけなんです」とごまかした。

「ええと、とりあえずどうするか持ち帰って考えておきますので」

どうにか取りなして現地を辞した。

こんなクレームはたまにあるが、自分に視えているものが他人にも見えているのかどうか咄嗟には判断が付かないので、こういうときは色々困るのだそう。

「……それで、その物件はどうなったんですか？」

「どうにかします、って返事だけしてすぐに引き揚げたんですけど、その後にまた連絡貰いまして、『何も聞こえなくなりました』って」

一過性の変事だったのかどうかは分からないが、問題は解決してしまったらしい。

「よかったじゃないですか」

「いやー……僕が連れて帰ってきてしまったんじゃないか、って思って……」

マントとベビーカー

仕事を終えた帰り道のこと。

駅前でちょっと買い物をして、それから自転車のペダルを漕いでいつもの道を走る。

すっかり日は落ちて、道行きは暗い。

それでも、ぽつぽつと路肩に並ぶ薄暗い道路灯のおかげで、歩道の様子が辛うじて把握できた。

駅から大分離れ、住宅街に差し掛かろうかという道を行くと、人通りが途切れて久しい歩道に人影が見えた。

ペダルを漕ぐ自分から、おおよそ十メートルほど先である。

その人は、マントを靡《なび》かせながら歩いていた。

(おおー、マントかっこいいな)

一度くらいは自分もと思わないではないが、マントみたいな奇抜な衣服は人を選ぶ。自分に似合うかと問われたら、甚だ不似合いだろうことだけは想像が付く。

マントの生地表は焦げ茶色。そして、はためく裏側は赤茶色である。

このときはペダルを漕いでいて、そこそこスピードが出ていたかと思うのだが、十メートル先を歩くマントになかなか追いつけない。

そして、かなり暗かったにも拘わらず、マントがやけにくっきりと見えた。色やらシルエットやらまではっきりと分かる一方で、マントを羽織っているのであろう人物が見えない。

人らしき何かがそれを羽織っているのだ、というのは分かるのだが、マントほどにはっきりした印象がない。

言うなれば、ぼんやりした靄のようなものの上に、マントが漂っているようにも思えた。

それは、〈歩いている〉はずなのに自転車で追い抜けない。

これは、おかしいんじゃないか？

目を凝らしてもよく分からない。外していた眼鏡を取り出そうと足を止めたところ、マントは電柱の陰に隠れてしまった。

改めて辺りを見渡すが、周囲には自転車に乗った自分以外誰もいない。車も通らない。

気になってそのまま進んでいったが、マントが隠れた電柱の陰は無人だった。

その先にあった曲がり角にもいない。

「……また何か、変なもの視たな」

と、これは眠巣君の目撃談。

＊

「色々視るなあ、君は」

眠巣君と言えば、これまでにも「空飛ぶ耳」だの「裏返しの犬」だの「宙を舞う褌《ふんどし》」だのといった、解釈に悩む異形の類をしばしば路上で目撃しているのだが、この話にはまだ続きがあった。

マント目撃の翌々日のこと。

仕事を終えた帰り道、いつものように自転車のペダルを漕いで、いつもの道を走る。

今日は買い物の用事はなかったので、一昨日よりはちょっとだけ早い時間帯だった。

時間が僅かでも変われば路上の人出も変わってくるもので、一昨日に比べて車通りもあり、歩道にもぽつぽつと家路を急ぐ歩行者が見えた。

駅から大分離れ、住宅街に差し掛かろうかという道を行くと、歩道の先に二人分の人影があった。

夫婦と思しき男女の二人組である。

女性はベビーカーを押しながら歩いている。

男性はドンキの大きなビニール袋を抱えていたので、恐らく買い物帰りであろう。

この後、帰って夕餉《ゆうげ》の支度などするのだろう。実に微笑ましい。

ベビーカーには夫婦の子供が座らされているようだが、「だあだあ」と元気がいい。

身体を揺すり、ベビーカーから身を乗り出している。

元気なのはいいが、ちょっと危なっかしい。

赤ん坊は、身体を起こして手を振り回し、どうも何かを追いかけている風にも見えた。

よく見ると、赤ん坊が興味を引かれている先の路上に、煙が立ち上っていた。

焚き火の後のような、或いは沸き立つ湯気のような。

消えかけの線香のようでもある。

ただその煙らしきものの、出所が分からない。火の手はないし、温熱水を吐き出すような施設がある訳ではない。季節は春から初夏に変わる時季である。

そして、その煙のようなものは、消える様子がない。

屋外なのに、もやもやと漂うものの、流れず消えずその場に留まり続けている。

ということは、煙ではないけれども煙のように見える、しかし〈煙ではない何か〉が、煙のような振りをしてそこに存在している、ということになる。

　眠巣君もこうしたものに慣れたい訳ではないのだが、〈煙ではない別の何か〉であろうことは察した。

　両親は赤ん坊の〈気付き〉には気付いていないようで、煙の存在を意識も認識もしていない。

　赤ん坊のほうはと言うと謎の煙がとにかく気になるらしく、興奮のあまりそれに触ろうとしてベビーカーから手を伸ばしすぎて転げ落ちそうになる。

「ちょっと！　マー君！」

　赤ん坊の動きに気付いた母親が、慌てて子供の身体を支えた。

　赤ん坊は尚も身を捩って母の支えを抜け出し、〈煙ではない何か〉を掴もうと御執心である。

「何だい、何かいいものでもあったのかい？」

　荷物を抱え直した父親が赤ん坊に言葉を掛けつつ、煙を通り過ぎていった。

　両親が押すベビーカーが、煙のような何かから大分距離を取るまで、赤ん坊はずっと煙のほうに視線を向け続けていた。

　夫婦のベビーカーの後方をゆっくり走っていた眠巣君の自転車も、後を追うように件の

〈煙ではない何か〉の脇を通り過ぎた。

そのときも、〈煙ではない何か〉は殆ど動かずに空中に留まっていた。

出所は分からず、空気の流れで渦巻いているかのように思えるのだが、何処にも流れていく様子はなかった。

「で、その煙の場所がですね。一昨日、マントを見た場所だったんですよね」

最初にマントが見えた辺りに、〈煙のようで煙ではない何か〉が突っ立っていたのだ、という。

如何にも繋がりがありそうではあるが、因果関係は不明である。

トモダチの続報

もう十年も前になるのだが、震災のあった二〇一一年に、『「極」怖い話 遺託』という本を出した。

この中に、「トモダチ」という話がある。

掻い摘まんで内容をおさらいすると、「家の中に首のない少女がいたのだが、娘は一年も前からその首のない少女と仲良く遊んでいた。そのことに母親はずっと気付かなかった」というような話である。

委細は『遺託』に譲るが、そもそもこの話は別の怪談作家さんの元にもたらされた体験談であった。それを僕が託されたので、書き留めさせていただいた、という経緯があった。

「御自分で書けばいいのに」と訊くと、「詳しく訊こうとすると具合が悪くなっちゃって駄目なんですよ」

訊こうと思えば訊けるんだろうけど、どうも無理っぽいので。

だから、敢えて積極的には関わりを持とうとしなかった、ということだった。

その話の続報が、十年も過ぎた今になって飛び込んできた。

*

山下さんは娘さんと二人暮らし。バツイチで元夫とは縁が切れて久しい。

親子二人の暮らしも大分落ち着いてきた頃、山下さんに新しいお相手ができた。

こちらは子供もいるので、それを度外視して遊びで付き合うような相手は選べない。当然、再婚を視野に入れてのお付き合いとなる。

お相手もバツイチということもあって山下さんとは意気投合していたものの、山下さんの娘さんはまだ幼く、その気持ちを無視する訳にはいかない。

小学生女子という難しい年頃でもある。

ただ、山下さんの娘さんは誰に対しても物怖じしない人懐こい性格であったので、その点についてはあまり心配していなかった。

そこで、時間を作って娘さんと再婚予定の相手を引き合わせることにした。

「ママ、この人のこと好きなんだけど、どうかな」

と紹介したのだが、娘さんはどういう訳なのかお相手に懐かない。

なるほど、急に現れた見知らぬ男性を、昨日の今日で父と呼べと言われて、すぐに慣れるものでもない。

ならば、時間を掛けて何度か機会を設けて、慣れていけばいいのでは。

そう考えて、お相手の協力を得て何度か引き合わせてみた。

外で。公園で。一緒に晩御飯。

お相手は娘さんを気遣ってか、贈り物のようなものを用意してくることもあったが、娘さんはお相手が現れると山下さんの後ろに隠れて目を合わせようともしない。

というか、毎回、酷く怯えていた。

これは、物怖じとか警戒というのとはどうも次元が違う。

「あのさ、どうしてあのおじちゃんが怖いの？」

山下さんは、娘さんの怯えようがどうにも気になって訊ねてみた。

すると、娘さんは応えた。

「あのおじちゃんが怖いんじゃないの。そうじゃないの」

では、一体何が。

「あのね、ママ。おじちゃんの横に、子供がいるの。その子は首がないの」

首のない子供。それが、毎回いるのだという。

会うたび会うたび、お相手の隣に立っている。

それが怖くて怖くて仕方がない。

山下さんがお相手と再婚して、彼と一緒に暮らすことになったら、その「首のない子供」とは同じ屋根の下で暮らすことになるだろう。お相手の彼が首のない子供を連れ回すのか、山下さんと娘さんの生活圏内にその子供を置いていくのか、それすらも見当が付かない。とても耐えられないから、と。

その後、娘さんがあまりにも強く怯えるため、再婚の話は流れたらしい。


望月さんは、娘さんの同級生の父親と〈不適切な関係〉になっていたことがある。

きっかけは些細なことだったのだろうが、世間的に言えば不倫関係である。

誰かに相談したり口外したりできる話でもないので、そのことはずっと黙っていた。

関係は一年ほどの間続いていたが、その後、大事になる前に関係を清算したようで、大人の関係に関しては事なきを得た。

が、この一年ほどの関係を持っていた期間、望月さんの家にはとある怪異が起きていた。

曰く、家の中に子供がいた。

娘さんではない別の子供である。

娘さんは、その子と二人遊びをしていた。

「全然知らない子なんだけど、首のない女の子が家にいるの」

望月さんは大人しい娘さんのことを〈一人遊びのうまい子供〉だとばかり思っていたが、そうではなかった。

一年ほど前、さーちゃんという友達の家に泊めてもらったとき、そこで出会ったのだという。

そのまま憑いてきてしまい、約一年近くも〈首のない女の子〉は望月家に居座っていたが、一年ほどでいなくなった。

望月さんが不倫関係を解消した時期と重なる。

これは、『遺託』の「トモダチ」でも語られた下りである。

そして、この「不倫相手」「娘さんの同級生の父親」「さーちゃんのパパ」と、前述の山下さんの再婚相手になるはずだった「首のない子供を常に連れていたバツイチ男性」というのが、どうも同一人物であるらしい。

首のない子供と彼との関係性は分からないが、彼が不倫や再婚を念頭に置いた人付き合いを重ねるたび、首のない子供がその相手のところに現れている、ということになる。

＊

「うわあ……この話、御自分では書かないんですか？」

この話を僕に托して下さった怪談作家さんは、どちらかと言えば寡作な方なのでこうした話は貴重だろうにと思った。

だが、〈怖いから〉と怪談作家らしからぬことを言う。

「だって……十年ですよ？　何故、その話が十年も過ぎてから自分のところにまで届くのか、って考えたら怖いでしょう？　この話は私と相性が良くないいんですよ」

――具合が悪くなるんで。自分では書きたくないんで。

「なので、先生、よろしくお願いします」

十年前の原稿を読み返してみたら、十年前にも同じことを仰っておられた。

子供

昨今、苦労の絶えない業界は数知れないが、やはりその筆頭にあるのは医療界である。

とはいえ、医師、看護師を始めとする医療関係者が多忙を極めるのは、二〇二〇年春からのコロナ禍に始まったことではない。

特に、救急外来を受け付けているような、そこそこの規模の病院ともなると、爆発的な感染症がなかったとしても、不慮の事故や様々な疾病を患う患者の受け入れで、昼も夜もない勤務体制からはなかなか逃れられない。

青森県内にあるとある大病院も他聞に漏れず、不夜城に勤める人々は日勤夜勤の別なく働いていた。

それでも日勤はバスなどの公共交通機関が使えるのだが、夜勤となると病院まで辿り着く手段がぐんと減る。

夜勤に備えて当直の看護師の出勤が始まるのは午後十一時過ぎ。そして、その夜勤組と入れ替わりで勤務を終える人々が帰宅するのは、午前一時頃になる。

家族の送迎が期待できる人はともかく、自家用車で来られる人であっても夜勤明けでくたくたになった状態でハンドルを握りたくはない。

となると俄然、タクシーの需要が出てくる。

鈴木かおりさんが勤務していたタクシー会社では、病院への看護師送迎が勤務員の当番として割り当てられていた。

夜勤に出勤してくる看護師を自宅まで迎えに行き、病院の夜間出入り口で降車させる。そのまま、車を病院の裏手にある遊歩道のほうに移動させる。

何台か駐まっている同僚や同業の車列の後ろに並んで、夜勤明け組の帰宅ラッシュが始まる午前一時までの二時間ほどをそこで待機して過ごす。

そこそこ大きな病院ともなると、看護師の「お帰り」は少なくはなく、七～八台のタクシーがそれぞれ看護師の自宅と病院の間を三～四往復はする。

これが午前一時から三時くらいまでの二時間ほどの間、続くのである。

必ず病院に戻らねばならない、というのが義務になっている訳ではないので、タイミングによっては繁華街に回ったり、無線で別の場所に呼び出されて病院には戻ってこられない車輌も出てくる。だが、看護師の帰りの足という大事な役目を果たすため、午前三時くらいまではできるだけ病院に車を回さなければならない。

それでもラッシュ終わりの三時近くになると、車溜まりに戻っているのは最後には一～

二台くらいに減っている。

こんな時間帯に病院に車でやってくる者はというと、およそ四種か五種くらい。

送迎のタクシー、急患を担ぎ込む救急車、緊急で呼び出された医師の自家用車、急変の知らせを受けた入院患者の家族の自家用車、そして葬儀屋の車輌辺りであろうか。

病院で亡くなった御遺体は夜が明けてから帰宅するケースもあるが、病院や地域によっては夜が明ける前に自宅やセレモニーホールに直送される場合もある。この辺りでも病院出入りの葬儀屋が真夜中に御遺体を運び出していくのを、ごくたまに見かけることがある。ゲンを担ぐ訳ではないが、霊柩車を見かける不吉さ、その中には御遺体が乗っているのだという薄気味の悪さは否めない。が、それは慣れるものでもある。

病院というのは無事に治って退院できる者ばかりとは限らず、矢折れ弾尽きて斃《たお》れる形で出ていく者もいる。そうした御遺体として出ていく人々が、正面玄関から堂々とではなく、裏口からひっそりと、という形になってしまうことには、何処かもの悲しさも感じる。が、それも日常の一部となってしまえば、「亡くならいだ方が《亡くなられた方が》、いだんだなあ《いたのだな》」で終わる。

これについて、同僚の多くは「慣れだ《慣れた》」と言い、鈴木さんも「なも怖ぐねじゃ《何も怖くないよ》」で済ます。

その日、幾人かの看護師を自宅に送り届けて病院に戻ると、いつもの車溜まりに同僚の車輛はなかった。

時間はまだ午前二時過ぎであったので、帰宅ラッシュが落ち着くにはまだ大分ある。直に同僚の車も戻ってくるだろう、と待機場所の先頭に車を寄せた。

無線で呼び出されて夜間出入り口に回るまでは暫くすることがない。仮眠という訳にもいかないので、眠気覚ましに車内灯を点けて漫画雑誌などを手に取った。

ページを捲っていると、外から歓声が聞こえてきた。

見ると、車溜まりと並行する遊歩道で、男の子が二人じゃれあっている。

歳の頃は小学二、三年生といったところだろうか。

一人は体操着のような青色のジャージ。もう一人はトレーナーにジーンズ姿である。

二人はどうやら駆けっこをしているようで、遊歩道の街灯の下で笑い声を上げながら随分と楽しそうにはしゃぎ回っている。

「あー、子供《わらし》が」

再びページに目を落とす。

身内が急病にでもなったんだろうか。おじいちゃんか、おばあちゃん辺り。親の姿が見えないが、親に連れられて駆け付けた、といったところか。

夜の病院など、幼い子には楽しい場所とは言えない。

理由も知らされず連れられてきて、退屈しているのかもしれない。

そんなことを思い巡らせた。

が、そこで気付いた。

今は、午前二時過ぎである。

雪の積もる季節ではないが、かといって子供がはしゃぎ回る時間だろうか。

こんな時間に呼びつけられるとしたら、恐らくは入院患者の危篤であろうか。

そんな場面に子供を連れてくるだろうか。

ぐるぐると思い至って、車の窓を開けた。

子供の姿はなかった。

人の隠れるような遮蔽物のない開けた場所である。子供達が走る姿を見てから、ここまで数秒もない。数秒程度で視界の外まで走りされるものだろうか。

車を降りて辺りを見回したが、やはり何処にもいない。

そこへ、暗がりからこちらを照らすヘッドライトと、同僚のタクシーの行灯が見えた。

鈴木さんの後ろへ並んだ同僚に、「今、子供《こ》がいだじゃあ《がいたよ》」と、今し方、不審な小学生を見かけなかったか訊ねたが、同僚は首を振った。

「おめ、寝惚《ね》げで《ぼけているのか》らんでねな？」

「なんも、なんもだってば！　たった今だや！　着でいだ服装と色まではっきりおべでらもの《覚えてるもの》」

鈴木さんが食い下がると、同僚は言った。

「この裏さ病気で学校さ行げねがった《行けなかった》子供達の施設、あるんだ《あるんだ》ね」

彼女はここに出入りするようになって長いが、それは初耳だった。

三内霊園

タクシーの運転手は長時間に亘って緊張を強いられる仕事でもある。

ハンドルを握って座っているだけだろう、などと思われがちだが、交通法規を守り、周囲の車輛や歩行者に気を配り、行き慣れない行き先を迷わずに走り、そこからまた客を捜しながら流して戻る……などなど、業務中は常に気を張っている。

となると、非番の日はもちろんのこと、勤務中であっても休めるときはがっつり休まなければ身が保たない。

故に、路駐して昼寝をしているタクシー運転手を見かけることもしばしばあるが、だからといって仮眠の場所は何処でもいい訳ではない。

駐禁を取られそうにない場所、通行の邪魔にならない場所、車溜まりに戻ってくるにしても中心地からあまり遠すぎない場所。

とはいえ、都合のいい場所は同業他社のドライバーや同僚が専有していたりするので、タクシー運転手は皆それぞれ、便利で静かな仮眠場所を幾つか押さえているものらしい。

鈴木さんがその日の仮眠場所に選んだのは、墓地の近くであった。

八月の日射しはたまらなく暑い。車内は乗客のためにエアコンを点けっぱなしにしてはいるものの、開け閉めのたびに流れ込む熱気と車内の冷気の温度差は、なかなかに堪えるものがある。

どうにも体力の消耗も激しいので、人通りを避け日陰で過ごしやすい場所を勘案するうち、墓地に辿り着いた。

青森市の中心地にある新青森駅に程近い三内霊園は広大で、園内のそこかしこに木陰もある。

車で乗り入れるとお誂《あつら》え向きにこんもりと樹々の茂った駐車場があった。

平日昼間、夏の盛りである。

サイドブレーキを引いて車を駐《と》める。シートを倒しながら外を眺めると、犬を連れて園内を散歩する近所の人や、真新しい墓石を施工している石材業者などもいる。

静かではあってても無人ではないことに、どことなく安心して目を閉じた。

それほど深い眠りに落ちていた、ということはなかったとは思う。

遠く、蝉《せみ》の声が聞こえていたからだ。

虚ろな頭で身体を起こすと、喪服を着た数人の行列が少し離れたところにいた。

喪服の行列は鈴木さんのタクシーに近付いてくる。

通り過ぎるのか――と思っていたところ、急に猛烈な耳鳴りと頭痛に襲われた。

身体はぴくりとも動かず、頭を巡らせることもできない。

しかし、意識はしっかりしている。

これは夢ではない。

後部座席に先程まで車外を歩いていた喪服の連中が乗り込んでいた。

今は休憩中であるし、ドアを開けた記憶はない。

そもそも、ドアはロックされていたはずだ。

動かせない視界の外から、老人の声が聞こえる。

愚痴。不満。罵倒。罵り。嘲り。

言葉が殆ど聞き取れない。

日本語ではあると思う。津軽弁は県外の人々にとっては難解だが、それを普段使いする鈴木さんが知らない言葉ではない。そしてこれは津軽弁であるかどうかも怪しい。

言っていることは支離滅裂で会話の体を為していないが、その語気語調から「舅《しゅうと》から見た嫁の悪口」らしきものを言っていることは察せられる。

まるで聞き取れないのだが、鈴木さんに向けてそれを訴えているのである。

老人が切った口火を受けて、老人以外の同乗者も盛んに強い調子で訴えている。

いずれも怒号や呪詛にも近い、強く禍々しい言葉の数々である。

思いの強さは分からなくもないが、意味を理解するには至らなかった。

それらの怒りの矛先を向けられ、言葉を叩き付けられている間、とにかく身体が動かないのである。

そして、後部座席に乗り込んだ全員がいつまでも話をやめてくれない。

それどころか、語調は荒く声も大きくなっていく。

何故、見ず知らずのタクシー運転手に、こうも強い言葉をなすりつけてくるのか。

どう考えても変だ。この人達、絶対に変だ。

倒したシートの間近で起きる怒号の大合唱に包まれ、怖い、と思った。

(パパ、助げで——!)

咄嗟に助けを求めたのは、数年前に他界した父である。

その瞬間、身体を戒めていた力は解け、手足も首も声もその全てが自由になった。

後部座席には誰もいなかった。

鈴木さんは、霊園を飛び出した。

取るものもとりあえず、東北新幹線を越えたところにある最寄りのコンビニまで、走って逃げた。

そこから仲のいい同僚に連絡したところ、すぐに来てくれた。

「大丈夫！　大丈夫だはんで《だから》！」

同僚は鈴木さんを宥めつつ、ビニール袋に入った塩を彼女の身体に掛けた。

また、鈴木さんの車にも塩をどっさりぶちまけた。

「なして《どうして、》塩だっけたもの、《塩なんか》持ってらの？《持ってるの？》」

と訊くと、清めの塩は常に持ち歩くようにしているのだ、と教えてくれた。

何故、そうするようになったのかは訊けなかった。

後日、法事に出向く和尚さんを乗せる機会があった。

道すがら、先だっての出来事を話すと、

「そい、《それは》逢魔ケ時のことだったべ？《夕方のことだったでしょう？》　なぁ、《あなた、》疲れでらんべ？《疲れてなかったですか？》」

と言う。

確かにその通りだった。

「具合悪ぐなったおめぇど、《具合が悪くなったあなたと、》波長が合った人がいだんだべ。《波長が合った人がいたのでしょう。》そいが引ぎ寄せられで《それが引き寄せられて》きたんだびょん《きたんだと思うよ》」

これに懲りて、鈴木さんは墓地の近くで仮眠をするのはやめた。

カミサマ

津軽にはカミサマがいる。

この場合のカミサマというのは、恐山などで知られるイタコと概ね同じで、祖霊を憑依させて口伝えする役割を持つ霊能者である。

あるとき、鈴木さんはカミサマと会う機会があった。

カミサマは、会うなり全ての行程をすっ飛ばして鈴木さんを指差し、

「あんた！　仏壇さ御飯あげへぇ《御飯あげなさい》！」

と怒鳴りつけた。

確かに、このところ仏壇のお供えを疎《おろそ》かにしがちだった。職業柄の多忙故、ついつい後回しにしていたのだ。

「なすて《何故》分がったの？」

驚いて訊ねたところ、

「なの父っちゃが《あなたのお父さんが》、なの後ろで腹空いだって訴えでらはんで《あなたの後ろでお腹が空いていると訴えているから》。守る力が出ねって喋っちゅう《守る力が出ないって喋ってる》」

ドン、ドン、ドン

平成の頭頃の話。

当時、海江田さんは武蔵小金井に住んでいた。

東京西部にあって中央線の国分寺の隣辺り。ほどよく拓けて、ほどよく郊外。東京のベッドタウンである。

友人と駅前で待ち合わせ、ちょっとその辺まで散歩でも、という話になった。

武蔵小金井駅の南口から少し歩けば、お寺さんやらお稲荷さんやらがある。

更に市立中学校の脇を抜けて小半時も行くと、野川の堤に出た。平時は水量のごく少ない小さな川だが両岸の堤は風の抜けもよく、散歩するにはなかなかいいロケーションだ。

この辺りでは、かつて旧石器時代の遺跡が出土したらしい。その発掘地であることを今に遺す野川中州北遺跡の辺りから、野川を挟み込むように武蔵野公園が広がる。

遺跡を過ぎ、武蔵野公園に入ったところで、

――ドン、ドン、ドン。

何やら遠くで音が聞こえる。

トタンが風に靡いてはためく音か、或いは皮を張った和太鼓か。
トタンがはためくほど風の強い日でもなかったので、これは太鼓だろうか。
――ドン、ドン、ドン。
何処かで、和太鼓を叩くイベントかお祭りでもやっているのだろうか。
だが、平日にするだろうか。
いやいや、練習ということもある。
本番に向けて音合わせ、みたいなことをしているのかも。
――ドン、ドン、ドン。
いっそ長閑《のどか》である。
のんびりと野川の堤を歩くと、西武多摩川線を越えて野川公園に至る。
太鼓の音は続いている。
「ちょっと一休みしたら、戻って何処かでお茶でもしようか」
「いいね」
友人と他愛ない話をしながら、元来た道を戻り始めた。
――ドン、ドン、ドン。
太鼓の音はまだ続いている。

太鼓の音が聞こえ始めた武蔵野公園の入り口から、野川公園までおよそ一キロ。

仮に——仮に、だ。

公園なり、学校なり、公民館でも川沿いの何処かでもいい。そんな場所で太鼓の練習をしていたとしよう。

それは、一キロ離れても聞こえるほどのものだろうか。

しかも遠ざかることもなく、聞こえ始めたときと同じくらいの音量で「太鼓」だとはっきり認識できるほどの確かさで聞こえ続けている。

まるで、海江田さん達の後を付け回しているかのようでもある。

もちろん、空耳とか耳鳴りの可能性もある。

友人に訊ねてみた。

「あのさ。太鼓の音、聞こえるよね？」

「気が付いてた？」

友人は海江田さんと視線を交わし、続けた。

「聞こえてる。あの太鼓の音、さっきからずっと同じ大きさの音で聞こえて……結構大きな音なのに叩いてる場所も見えないし。だけど、ずっと音の大きさが変わらないから、付いてきてるのかな、って——だから、自分にしか聞こえてない音かと思ってた」

「……私も思ってた」

立ち止まって辺りを見回す。

――ドン、ドン、ドン。

太鼓の音はやはり続いている。

「ねえ、これ。何処まで付いてくる気だろう」

出所は分からないが、自分達が太鼓の音に明らかにストーキングされていることは確認できた。となると、今度はいつまで、何処まで付いてくるのかが気になってきた。

二人は太鼓の音を意識しながら歩き始めた。

もはや、気軽な散歩という態ではなくなっていたが、何処まで行けば振り切れるのかが海江田さん達の散歩のテーマにすり替わっていた。

そうして、当初予定していたルートをかなりオーバーして歩いたが、そうと意識し始めてから数キロほど歩いても、太鼓の音は二人の後を追いかけてきた。

が、音はパタッと止んだ。

野川から離れたせいなのか、公園から離れたせいなのか、それとも音の発生源が付いてこられる距離に限界があるのかは分からない。

＊

実話怪談を聞き集めていると、たまに類話に出くわすことがある。

類話が、と言っても「同じ場所、同じ人、同じ因果」ということではない。体験者はまったくの別人、体験した場所も時代も異なるのだが、語られる現象が似通っているものにぶち当たるのである。

この「太鼓の音が聞こえる話」も過去に類話があった。

「どーんどーん」という低く響く音が太鼓に似て聞こえるので、この体験をした体験者の方は大抵これを「太鼓の音」と表現されるのだが、海江田さんのケースでは音は聞こえど太鼓そのものは目撃されていない。ただ、音だけが後を追って付いてくる。

また、こうした「太鼓の音が聞こえる話」では、聞こえた場所が川沿いであることが共通点の一つとしてある。

音の正体については、川面を低く滑る〈長い布〉が発するものや、路上を走る車を追い越していく〈反物〉が発するものとして伝えられることがある。

海江田さん達が聞いたのは、「川沿いで追従してくる太鼓の音」のみであったので、正体が布切れであったかどうかまでは断言できない。

ただ、こうした「川の近くで太鼓のような音を発する、長い布切れ」の話は地域を問わず報告例が非常に多いので、お近くに川があるというロケーションにお住まいの方は、川の堤に出かけて意識して耳を澄ませてみるのもいいかもしれない。

海江田さん達が太鼓の音に追われて辿った野川の周辺を確かめてみると、散歩道の南西側に多磨霊園があった。

関係があるかどうかは分からない。

八甲田山のコンバース

中井君は、少しの間、関東のほうに勤めていた。

が、色々あって仕事を辞め、郷里である青森市に帰ってきた。

新しい仕事を探さなければ、とは思うのだが、久々の地元である。少しばかりゆっくり休んでも罰は当たるまい。

丁度その頃、中井君の父は八戸に単身赴任していた。

「車《あし》もあることだし、少し足を伸ばして親父の顔でも見にいくか」

中井君は土地勘を取り戻すべくハンドルを握り、八甲田山に向かった。

青森・八戸間は、八甲田山を横切っておよそ一一〇キロ。

青森市外から県道四〇号・青森田代十和田線を辿り、田代平湿原を横切って国道一〇二号を東進。田圃道を抜けて十和田を経由、ゴール八戸まで順調に行けば車で二、三時間といったところだ。

この日は好天に恵まれた。

北国の遅い春が終わり、夏に変わりゆく頃合い。絶好のドライブ日和である。

鬱蒼《うっそう》と生い茂る樹々によって昼間でも薄暗い道を抜け、田代平湿原に到着した。

空気は澄んで遙か山々を見晴らすロケーションは素晴らしく、故郷に戻ってきた実感が湧き上がった。

田代平で一服した後、再び車を走らせた。

山道の運転は疲れるが、まだ全行程の三分の一ほどにすぎない。

八甲田山の北側を迂回する道路に合流して数分ほど過ぎたところ、森の中から何かが飛び出してきた。

「うわっ」

咄嗟のことで驚いた中井君は、ブレーキを踏んだ。

こんな山の中に出てくるものと言えば、狸か猿の類か。

路肩に車を停めてまじまじと見たそれは、狸でも猿でもなかった。

スニーカーだった。

森から飛び出してきた青いコンバースが、道路を歩いて横切っていく。

コンバースは、足首から上がなかった。

要するに、スニーカーのみが歩いていた。

「……俺、疲れてるんだな……」

中井君は大きく息を吸い、息を吐き、強く目を閉じた。

ゆっくり瞼を開く。

が、やはりコンバースはあった。

青いコンバースは中井君に見送られるがままに、進行方向右側、つまり八甲田山側から田代平側に向かって道路を横切り、渡りきるところだった。

気のせい、ということではないらしい。

妙なものを見たな、と思った。

が、気のせいということにして忘れてしまいたいので、カーステレオの音量を最大にして、車内を賑やかしくしつつ車を発進させた。


そこから一時間以上掛かって、無事八戸に到着した。

会いに行くことを伝えてあった父は中井君を歓待してくれた。

「久しぶりだな。元気だったか」

父に近況報告などするうち、先程の青いコンバースのことは記憶から薄れていった。

父は久々の伜《せがれ》との対面に上機嫌で、

「飯でも行くか」

と腰を上げた。

父の後を付いて歩く街中で、視界の隅に青いコンバースが歩いていた。

ここは山の中と違う。繁華街には人出もある。

コンバースのスニーカーを履いている人なんて珍しくない。それを誤認しているだけだ。

父と入った店のトイレに青いコンバース。

店内のテレビを眺めているとコンバース。

頼んだ定食を食べ始めるとテーブルから見切れるギリギリのところにコンバース。

いつもという訳ではないのだが、ふとした拍子に視界の隅を件の青いコンバースが歩いているのが見えるようになった。

八戸では今、青いコンバースが大流行中なのだ、と思い込むことにした。


その後、父と別れて帰路に就いた。

行きと同じルートを辿って青森市に帰る。

あれは八甲田山だけのこと。八戸だけの現象。そう思いたかった。

が、青森市に辿り着いて、車を降りるとその目前を青いコンバースが歩いていった。

それは頻発した。

というより、気付くと視界の隅に青いコンバースが現れる。

最初のうちは怖かったのだが、のべつ幕なしなのでそのうち慣れた。

慣れてしまうと、「ああ、また歩いてるなあ」で済ますようになった。


八戸から戻って一カ月ほどが過ぎた。

いつものように青いコンバースが現れた。

「おっ、歩いてるなあ」

と、ここ最近ならそれ以上の感想は出てこないところだったが、この日は何かが違っていた。

違和感がある。あまりにも慣れすぎて、すぐには出てこなかったのだが、よくよく観察することでその違和感の正体に気付いた。

纏わり付いてきていたのは、青いコンバースだったはずだ。

スニーカーのみが歩いていたはずだ。

あいつは靴下なんか履いていなかったはずだ。

それまで、足首から下しか見えていなかったのだが、今見えているそれには踝《くるぶし》が付いている。青いコンバースの主の、足が覗いているのである。

そのことに気付いてしまってから、青いコンバースの様子は変わった。

ある意味、図々しくなった。

それまで足首すら見せていなかったのに、足首を晒したと思ったら脛を見せるようになった。

脛を見せたと思っていたら、膝を見せるようになった。

膝の次は太腿。

それまでは青いコンバースがよちよち歩いているばかりだったが、今はもうはっきりと、〈青いコンバースと靴下を履いた生足〉が歩いているのが見えている。

いやこれ、どうなるの。

全身まで見えたら俺どうなるの。

――俺もああなるのか。

そう思い至ったところで、気味の悪さと恐怖心が再び湧き上がった。

何故俺は、あんな奇妙なものに〈慣れた〉つもりになっていたのか。

急にどうしようもないほど怖くなってしまった中井君は、これまでの経緯を全て母に打ち明けた。

息子の奇妙な相談を受けた母は、なるほど、と頷いた。

「最初に山で見たなら、山に返しに行けばいいんじゃないの？」

「気軽に言ってくれるな。あんな気味悪いところ、何度も行きたかない」

とはいえ他に案もない。藁にも縋る思いでその案に乗ってみることにした。

日が落ちてからの八甲田山など色々な意味で御免であるので、日が高いうちに件の場所を目指して車を走らせた。

青森市外から田代平を越える。

「確か、この辺だったよな」

心当たりの場所まで来たところで心持ちスピードを落として走ると、森の中から足が現れた。

既に太腿を越え、股関節まで見えている。

もう、堂々と歩いている。

「マジか」

だが、これまでともまた違った。

今まで青いコンバースは必ず視界の右から現れた。

初登場の折も、八甲田山の北側を西から東へ進む途中、右手側から飛び出してきた。

しかし、今目前を悠々と横切る足は、道路の左側から現れ、路上を横切って右手――八甲田山側の森の中に入っていった。

以来、中井君の視界に青いコンバースが現れることはなかった。

バーにて

あなたは酒を嗜《たしな》む人だろうか。

缶ビールと酎ハイで独り晩酌する人？　屋台や居酒屋でクダを巻く人？

それとも一滴も飲めない人？

酒を飲む人がいずれ行き着く、或いは行き逢う場所として酒場がある。

中でもバーは格別だ。

バーというものは飲む場所である。酒を飲み、煙草を喫《の》み、肴を少し摘まむ。

同時に、様々な何かを吐き出す場所だとも。

バーには様々な職業、年齢、それぞれの事情を持った人々が集う。

店の外で出会ったら互いにおよそ接点を持ちそうにない人々同士が、同じカウンターに座りグラスを傾ける。

そこで袖振り合うだけの、たった一度の夜を共にするだけの関係で終わることもあれば、酒から始まり長く続く友情の端緒になることもある。

酒の力に誘われ、導かれ、溺れ、酔う。

バーとはそういう場所だ。

＊

浜田さんには行きつけのバーがあった。

練馬の駅から少し歩いた路地裏のこぢんまりした店。彼女の住まいは杉並にあったが、練馬のその店は何とも居心地よく、何かと時間を作っては通っていた。

仕事も歳も、ともすれば本名すらもよく分からない常連達。彼らからしたら、浜田さんも「よく知らないけどよくいる女」、そう映っていただろう。

得体の知れないのはお互い様だ。しかし店に顔を出せば誰かしら顔馴染みがいる。そのことに、居場所にすっぽりはまりこんだような安堵を感じる。

「ハマさん」

カウンターの奥まった席から声が掛かった。

「チーちゃん」

とびきり綺麗な女の子に手を振り返す。

チーちゃんは作家であるという。ペンネームは何か、ジャンルが何であったか、何を書いているのか、それは有名なのか、どのくらい売れたのか。

そんなことを根掘り葉掘り訊くのは、バーの流儀ではない。だから、彼女のプロフィールには踏みこまず、「作家のチーちゃん」ということに留めた。

浜田さんより大分年下のチーちゃんは、美しくも可愛い。そのこともあってバーの酔客から絡まれることもあったが、黙っていたぶられる女ではなかった。

チーちゃんの、感情の起伏の激しさ、思い入れの深さのようなものは、彼女の自己申告した作家という職業に基づくものなのかどうかは分からない。が、無礼な男には手厳しく、酒場で出会う女には優しい。

そういうチーちゃんと浜田さんは殊更にウマが合った。距離感の心地よさからか、浜田さんがチーちゃんを可愛がったからなのか、酒の紡いだ縁から生まれた二人の友情は、数年に亘って良好な関係を築いた。店ではそのことに触れないものの、互いに互いを親友と意識するような親密な間柄であった。

リーマンショックから幾らも経たない頃。浜田さんは仕事で日本を離れていた。

毎年、秋口になるとインドに出向く用事があった。一カ月ほどデリーに滞在して現地の仕事に携わることになるのだが、異国人に囲まれ異邦で過ごすこの時期は、殊の外、人恋しくなる。

日本の友人達との電話やメール、メッセンジャーなどでのやりとりがいつもより増え、日本にいるとき以上に頻繁に何ということのないやりとりを求めたりする。

つまり寂しくなるのである。

しかしながら、この年のインド滞在では例年のようにはいかなかった。

いつになく仕事が立て込んでメールを書く余力がなく、日本との時差もあってタイミングが合わない。そうこうしているうちに、体調を崩した。

十月十九日、その日は高熱を出して意識が朦朧《もうろう》としていた。とても仕事のできる状態ではなかったので、滞在先のホテルに閉じこもりベッドの上で魘《うな》された。

以前、インド滞在中に親類を亡くしたことがあった。遠い異郷にあって、仕事を振り捨てて帰国する訳にもいかず、焦燥に身を捩って歯痒い思いをした。

異邦で熱を出すとそのときのことを思い出し、また弱気になる。

「チーちゃん、今なら大丈夫かな……」

寂しさ紛れにチーちゃんの携帯に電話を掛けてみたが、応答がない。

話中とか、電源が入っていないとかではない。

「この電話は現在使われておりません。番号をお確かめの上……」

そんなはずはない。

出国前にもこの番号で連絡を取り合っている。

帰ったらあのバーで飲もう、と約束もした。

何度掛け直しても同じ。メッセンジャーはもちろんメールも届かず、返信なし。

こんなことは初めてだった。

もしかしたら、携帯を変えただけなのかもしれない。キャリアが変わってメールが届かなくなったのかも。

あり得べき、安心できる理由を捜そうと試みたが、熱に浮かされ不安ばかりが膨らんでくる。

あの店の常連に訊いてみようにも、彼女の他はあの店でしか顔を合わせない面々だ。自分がチーちゃんと一番親しいはずだ。その自分が謝絶されたように彼女に辿り着けないのはどうした訳だ。

弱気になっているせいか、焦燥は収まらない。

結局、それから数日ほどの間にどうにか熱が引き、滞在期限を迎えた。

帰国後、すぐにチーちゃんに電話を掛けた。

「この電話番号は現在使われておりません……」

国際回線故の不通も考えないではなかったが、国内でもそれは変わらなかった。

そこで思い出した。携帯が繫がらないなら、実家ならどうだろう。

浜田さんは、チーちゃんの結婚式で友人代表としてスピーチをした。そんな間柄であったから、チーちゃんの御両親も二人の友情をよく知っており、浜田さんをもう一人の娘のように可愛がってくれていた。

群馬にあるチーちゃんの実家に掛けた電話には、彼女の母が出た。

そして、浜田さんに気付くと嗚咽《おえつ》を上げながら謝り始めた。

「ハマさん！　ごめんね！　ごめんねえ！」

「ママさん、何が……」

「チーちゃん、死んじゃった。死なせちゃった……」

絶句と、そして絶叫。

チーちゃんの母の嗚咽を覆い隠すように叫んでいるのが自分自身だと気付くのに、どれほど掛かったか分からない。

チーちゃんは女に優しく、男に厳しい。そんな彼女が結婚を決意したのは一年ほど前。

相手とは出会って数カ月で、〈この人と結婚する〉と決めたのだそうだ。

彼はチーちゃんと同い年で、そして〈いい奴〉だった。性格がよく、気遣いができ、彼女が一生の仕事と定めた作家業についても理解があった。浜田さんを交えて一緒に旅行に行ったこともあるが、〈この人になら私の大事なチーちゃんを任せてやってもいいな〉と思った。だから、二人の結婚生活は祝福され、幸せなものになるはずだった。

だが、チーちゃんは作家だった。作家であることは譲れなかった。

作家であることを諦めるように促されたことは恐らくなかっただろう。

結婚相手に問題があったとは思えない。その人となりは浜田さん自身が確かめた。チーちゃんも納得した。誰かが悪い訳ではなく、誰に原因があった訳でもない。

が、結婚後も作家で在り続けようとしたことが、彼女の精神のバランスを躓《つまず》かせた。

不眠になり、鬱の症状が出始め、通院と服薬が始まった。元々の資質である感情の起伏の激しさが増幅されるのか、彼女は怒り泣き激しく自分を責めたりもした。

服薬によって飲酒ができなくなったチーちゃんを宥め、電話をし、近くまで出かけて茶を飲みながら他愛ない話を何時間もした。

そんなチーちゃんはもういない。

「薬をたくさん飲んだみたい。お医者さんが出してくれた薬」

過剰摂取《overdose》であったのだろう。自殺するつもりでそうしたのではなく、それは事故であったのだ。そう思いたかった。

娘と連絡が付かないことに、チーちゃんの母も不安を感じた。それで、近くに住む浜田さんに様子を見にいってもらえないか、と連絡を取ろうとしたのだそうだ。チーちゃんの母は、浜田さんがインド滞在中であることは知らなかった。

それが、十月十九日のこと。

浜田さんが丁度高熱で倒れていた頃で、当然電話は取れなかった。

連絡が取れていても、やはりすぐには帰れなかっただろう。

「……でも、ハマさんに様子見に行ってもらえなくてよかった。だって、あんなになっちゃったチーちゃんを見つける役を、ハマさんに押し付けてしまう訳には……」

チーちゃんが亡くなったのも十九日だったという。

浜田さんは、彼女の葬儀には間に合った。

「チーちゃんに」

いつものバーで、見知った顔がグラスを掲げた。

チーちゃんを偲ぶ会には店の常連が集う。彼女のお気に入りの席には、服薬で飲めなくなる前に好きだった酒が置かれた。

「チーちゃん、まだ若いのにな」

飲み仲間の伊藤がぽつりと呟いた。

「最近、こんなことばっかりだ」

伊藤には彼女がいた。この店でも見かけたことがある。

彼女は既婚者で、夫は伊藤ではなかった。

つまりそういう関係であったが、捨て鉢な関係ということでもなく、二人の仲は睦まじかったように覚えている。

その伊藤の彼女も最近死んだのだという。

「こっちは自殺じゃなく、事故でもなく、まあ〈事件〉だったんだがな」

不倫をしていた彼女と、その本来の夫との関係がどうであったのかは分からない。

彼女にとって不倫が気の迷いだったのか、本気だったのかも余人に分かることではない。

彼女の夫が妻の不倫に気付いたのか、それともそうなる以前からそうだったのかも分からないが、夫は妻を殴り殺したのだ、という。

「DVって奴だったのか、俺とのことがバレたのか、それも分からん。俺も警察に事情聴取されて、何か知らないか、って。知らねえよ。そこまですら知らなかったよ。殴り殺すほどテメエの嫁が嫌いなら、何で別れてやんなかったんだよ。まだ、若いのによ」

そう言ってグラスを呷《あお》った。


それから一カ月もしない頃。

いつものバーのカウンターに、筧という男の姿があった。

筧はチーちゃんの葬儀に一緒に参列した飲み仲間だ。

「まだ若いのにな」

最近、そんなフレーズばかりを聞く気がする。

「ハマちゃんさ、チーちゃんを偲ぶ会の後、二次会行ったろ。駅前のあの店」

筧の別の行きつけだという店だ。

「そこにリサちゃんてスタッフの子いたろ」

大学生か、卒業したてかというくらいには若い子で、そういえばいつものバーにも顔を出す準常連の一人だった。筧と仲良くしていたこともあって、筧に連れられてこのバーに来るようになったのではなかったか。

「あの子、死んじゃったんだよな。何かの病気らしいんだけど」

「えっ。いつ」

「俺も聞いたばかりだから、昨日とかだと思う」

「だって、ついこないだまで普通に働いてたじゃん。お酒も飲んでたし、いつもと違ったこともなかったと思うし」

「だよな。リサちゃん、可愛くていい子だったんだ。まだ、若いのにな」

そんな話をした数日後、篁は喪服姿でカウンターに突っ伏していた。

彼の仕事上の師匠が亡くなったのだ、という。

「うちの師匠はおっさんだったよ？　でもよ、まだそんな歳じゃねえだろ、って。お迎えには早すぎるだろって。何だよ最近。チーちゃんといい、伊藤の彼女といい、リサちゃんといい、師匠といい……みんな、まだ若いのによう」

その師匠に浜田さんはたぶん会ったことがない。

いや、この店で会っていたなら知っているはずだ。

ただ、篁とは別に来ていたなら分からない。自分の知っていた誰かが、篁の師匠であった可能性は排除できない。

だって、バーでは余計な詮索はしない。それがバーでの在り方だからだ。

――筧の師匠は、この店の常連だったか？

そう訊こうかと思ったが、浜田さんは怖くて訊けなかった。

訃報が続く。

死因は別。

共通点は、この店の常連。

単なる偶然か？　この店に何かあるのか？

懸念と疑念が鎌首を擡《もた》げる。

そんなことは単なる偶然だという者がいる。訃報が続いたのはたまたまだ、と。

そんなことに気付かない者もいる。言われても〈気にしたら負けだ〉と。

偶然は、何度までなら偶然なのか。

取り留めのない不安を、皆、酒で流しこんだ。


チーちゃんがいなくなった後も、バーには通った。

以前からの顔馴染みは変わらず賑やかで、歯が抜けたように顔を見せなくなった死せる常連達の空けた席を埋めるように、また別の誰かがカウンターに座る。

不変のバーなどというものはなく、少しずつ顔ぶれを入れ替えながら続いていく。バーとは、そういうものだ。

理由はそれぞれにあるのだろう。

家庭の事情で。仕事の都合で。酒を止められて。新しくできた店に根城を変えたので。

この店に来なくなることを、客はわざわざ告げに来たりはしない。

馴染みは気付いたら居着いていて、気付いたら来なくなっている。たぶん、そういうものだ。

以前からの顔馴染みが幾人か見ない。

「そういえば、最近コウちゃんとナオちゃん見ないね。何か聞いてる？」

マスターは「そういえば見ないねえ」と首を傾げる。

コウちゃんとナオちゃんというカップルは、この店で知り合った飲み仲間同士で、二人は気が合ったのか自然と仲が深まった。

「結婚を考えてるって言ってたから、もう籍も入れて何処かここから遠いところの新居にでも移ったんじゃない？」

「まあ、それならおめでたい話でいいよね」

このところ、そうでない話が続いたから、というのを暗に呑み込んだ。

そのとき、浜田さんの携帯にメッセージが着信した。

〈相談がある。会って話せないか〉

〈ナオについて何か聞いていないか〉

発信元はコウちゃんだった。

バーではできない話だ、というのを察した浜田さんは、早々に席を立った。


「すまない」

コウちゃんの目元は赤く腫れ上がり、その表情はくしゃくしゃだった。

何も考えられず、何の整理も付かず、何もかも承服できず、納得いかない。そういう顔を、最近何度も見た。

だから、口火を開く前から予感はあった。

「ナオが死んだんだ。警察から連絡があって、身元を確認してほしいって言われた」

ああ、そうだ。やはりそうだった。

「詳しくする話じゃないんだけど、うん。顔じゃ分からなくて。形も、これがナオだったって言われても全然ピンとこない形になってて、俺が贈った指輪とか、そういうので、ああ、やっぱこれナオなんだなって」

事故ではなかったらしい。高所からの飛び降りか、鉄道への飛び込みか、どちらかは判然としないが、明確にそれと分かる形で自ら命を絶ったことだけは間違いないようだった。

「結婚を考えてたのに。もう、二人ともそのつもりだったんだ。いつ挨拶に行こうか、なんて話してたのに」

心当たりがまったくないのだ、という。

「俺、俺がさ、俺が気付いてやれないことがあったのか、って。結婚しようって、俺だけが舞いあがってただけなのかなって。あいつ、ほら、いつも明るいしテンション高いし、本当は俺なんかじゃ駄目だったのかって。だから、ハマちゃん。ナオから何か聞いてなかったか。あいつから相談とかされたりしてなかったか」

心当たりはなかった。死に身を投じるほどの悩みを相談されたことはなかったし、コウちゃんといつ結婚しようか、と、はしゃいでいた姿ばかりが思い出される。

だが、心当たりがまったくないかと言えば嘘になる。

心当たりではないが、違和感はあった。

その年の初めにナオちゃんから貰った年賀状の文面の話が、バーの常連達の間で話題になったことがあった。

「ナオちゃんの新年の挨拶でさ、あけおめとか、今年も宜しくとか、それはいいんだよ。でもさ、〈みなさんの幸せを遠くから願ってます〉って。それ、おかしくない？　遠くって何処よ」

何処か旅にでも出るのかよ、とか、引っ越しかよ、とか。

そんな笑い話にした気がする。

今思えば、それは自身の死を踏まえた別れの挨拶だったのではないか。

ナオちゃんは、コウちゃんとうまくやっていたし、幸せだったはずだ。

死ぬ理由はないはずだ。それでも、狂い壊れ死ぬ理由が育っていたのだろうか。

ナオちゃんは、まだ若かったはずだ。まだ、若いのに。

まただ。

また、あのバーの常連が死んだのか。


チーちゃんの夫は先頃再婚したと聞いた。新婚間もない頃にチーちゃんを亡くしたことで、彼もまた心に傷を負っていた。ずっと自分を責め続けてきた彼が、前に進めたのはいいことだと思う。

ナオちゃんを亡くしたコウちゃんの行方は分からない。携帯番号を変え、引っ越しもしてしまったようで、行く先は誰も知らない。

ナオちゃんと出会ったこのバーに来れば、厭でも彼女のことを思い出すし、仲睦まじかった二人を知っている常連仲間と顔を合わせるのは辛いだろう。だから仕方のないことだ。

練馬にあったそのバーは、少し前に閉店した。

マスターは、今は違う街で別の名前のバーを出していると聞いた。

かつて、あの店に出入りがあった人々が集中して死んだ。それぞれが死ななければならなかった理由は分からず、あの店に何か理由があったのかどうかも分からない。

浜田さんは今もバーに通う。

とはいえ、今は月に一度くらいになった。

浴びるように酒を飲むことも、馴染みと深く関わることも以前よりは減ったかもしれない。それでも、酒場を通して知り合った友人との繋がりは今も残っている。

生前のチーちゃんを知る友人のうちの一人が、先頃バーを始めたという。

「チーちゃんが死んで、他にもばたばた死んで、あれからもう何年経つんだろ」

「あの年は、何か変だったよね」

そんな話をしていたところ、友人は手にしていた白ワインのボトルを取り落とした。

ボトルはカウンターの強化ガラスに直撃し、ボトルと強化ガラスの双方が割れた。

「うわっ、何してんの」

「いや、何だかラベルが突然剥がれて滑ったんだ！　こんなの初めてだよ！　ハマちゃん、怪我ない？　ガラス大丈夫？」

「こっちは大丈夫だから！　布巾布巾」

＊

バーで出会えた常連達は、皆良き仲間である。

そこは独特な世界で、社会と肌が合わずに壊れてしまった人もいる。まともであったはずでも、人知れず壊れていく人もいる。

そこは交差点であり、人生のほんの一時をすれ違っただけの人も少なくない。

年若い友人達の事故死、病死、自殺は悲しい。

彼女らが何故死ななければならなかったかを、今更調べる術もない。

だが、彼女らと出会えたことは後悔していない。親友を失ったが、出会えたことは幸せだった。そう思っている。

バーとはそういう場所だ。

またいつか、深夜のバーに足を運ぶ日々が戻ることを祈って。

彼女について

桜さんが小学二年生の夏のことだ。

当時、母方の叔父は肝硬変を患っていた。深酒、暴食、長年の不摂生からの帰結である。よく言えば人生を謳歌した結果であり、悪く言えば好き勝手奔放に生きた報いである。

奔放に過ごせるくらいには金には困っていなかったはずだが、他者に対しては極度の吝嗇《けち》ぶりを見せていたようで、親族の間での評判は良くはなかった。

それでも母にとっては血を分けた姉弟である。他の親族のように、見捨てる訳にもいかなかった。故に、母は桜さんを伴って叔父の入院先へ出向き、命脈心許ない愚弟を見舞った。

ベッドに横たわる叔父の姿は、何とも哀れであった。

あれだけ放蕩を尽くした男が、今は膨れ上がった肝臓で突っ張った腹を抱え、浅い呼吸を繰り返して喘ぐばかりである。

子供心に「この叔父は、もっと上背のあるしゃっきりした人ではなかっただろうか」という自身の記憶と、ベッドに横たわる叔父の、見窄《みすぼ》らしく縮んだ小さな身体を見比べた。

叔父は親族の嫌われ者だったが、桜さんには優しかった。姉一家の元に顔を見せては「桜は元気か」と可愛がり、吝嗇で通った叔父が小遣いをくれたりもした。

叔父は片目を失明していた。事故か、不摂生からくる病のためか、その理由は知らない。

桜さんも右目が弱視だった。失明はしていなかったものの、小学生にして右の視界はあやふやで、ともすればいつ失明してもおかしくないとまで言われていた。

自分と同じ境遇の姪が可愛く、しかし気掛かりでもあったのだろう。

命が尽きかけている自分への見舞いに訪れた姪に、叔父は喘ぎながら言った。

「桜、まだ、目は、見えてんか」

頷くと、叔父は「そうか」と笑った。そう見えた。

それが最後の会話になった。

見舞いから帰宅して間もなく、叔父の死が知らされた。


叔父の遺骸は本宅に安置された。

その通夜で叔父の顔を見た。

葬儀社の手伝いで死に化粧が施されていたが、叔父の表情は眉間を険しく寄せたままで何とも苦しげに見えた。

「……あんたもう、こない小さくなってもうて」

親戚の誰かがぽつりと漏らす。

病を得ると身体が蝕まれる。長患いともなればそれは尚更で、身体中の筋肉が削げ落ち、脂肪も殆ど残らず、骨ばかりになった小さな身体に、膨れた肝臓を詰め込んだ腹ばかりが不釣り合いに膨れている。餓鬼のようにも見えた。

執り行われた通夜の後、親族だけで集まって通夜振る舞いの仕出しが出た。

幼心に、人が死んだのに何故御馳走が出るのだろう、と思った。

仕出しを摘まんで尚、親族の話し声が続く。

「明日は早くなるから、あんたはもう寝なさい」

大人達から追い出されるようにして、桜さんは床に就いた。


叔父の夢を見た。

叔父は幾分小さくなった身体を、それでもシャンと伸ばして立っていた。病院で見たときに比べれば幾分かはふくよかで、ニコニコ笑っている。

「桜ぁ。こっちこっち」

桜さんを手招いている。

「おっちゃん、何処行くん？」

桜さんは叔父が元気な姿になっているのを見て、少し嬉しくなった。

「あんな、桜。この先にな、綺麗な花畑があんねや。見に行かひん？」

花畑って何だろう。どんなところだろう。

気になって、叔父の後を付いて歩き始めた。

「桜！　行ったらアカン！」

不意に誰かが金切り声を上げた。

そして、目が覚めた。


目覚めると朝だった。

母が頻りに桜さんの肩を揺すっている。

「アンタ、起きぃや。今日は叔父さんのお葬式やで。早う支度せんとアカンで」

桜さんは眠い目を擦りつつ、今見たばかりで鮮明に覚えている夢の話を母に語った。

「あんな、おっちゃんに、おいでって言われてん。付いていきかけたら、誰かに怒られてん。うち、そんな夢見た」

「おっちゃんて、おっちゃんか。そこで寝てるおっちゃんか。アンタ、おっちゃんに手招きされたんか」

「うん。おいでー、おいでー、言うてはった」

母は青くなった。

親族からは鼻つまみの弟だったが、確かに娘の桜を可愛がってはいた。桜もまんざらではなかった様子だった。

子供の言うことだ。たかが夢の話だ。

だが、母から桜さんの話を伝え聞いた親族達は、俄に慌ただしくなった。

「それ……アカンちゃう？」

「桜のことなあ。えろう気に入ってはったから、連れていきよりたいんちゃう？」

「あー、あかんあかん。何で気付けへんかったんにゃろ。今日、友引やないかい」

誰かが言いだした。

「友引やったら、アレやで。紙人形入れなアカンで」

それやそれや、誰か折ってんか。

ワシ、折れるで。おう頼むわ。

誰かが何処からか懐紙を見つけてきた。それを器用に折り曲げて、人形を拵える。

何処をどう折ってそう仕上げるのかは分からないが、畳んで開いてを繰り返してできあがった人形は、市松人形《いちまさん》のようなおかっぱ頭に、着物のような襟元の童女姿をしていた。

「よしよし、これでええ。桜のことは諦めたってくれ。この子で勘弁しぃや」

紙人形は、棺に納められた叔父の顔の隣に置かれた。

そして、紙人形もろとも叔父は荼毘《だび》に付された。

以来、叔父の夢は見ない。

＊

桜さんが幼い日々を過ごした実家は、昔ながらの作りの古い田舎家だった。

母屋は田の字型の平屋で、鴨居と障子で仕切られた和室が四間。

これに玄関と土間、台所、それに増築されたガレージがある。

母屋とは別に離れがあった。

いつ作られた別棟なのかは分からないが、これも相当に年季の入った建物だった。

離れには、仏間の他に二室、計三間があった。

この離れと母屋は渡り廊下でコの字型に繋がれていた。渡り廊下は忍び足で歩いてもきしきしと音を立てて軋む。母屋や離れ同様、渡り廊下の床板の下は縁の下になっていて、裸足で歩くとひやりとした。

この家には番犬が飼われていた。

犬種は覚えていない。恐らく雑種だろう。

犬小屋は用意されていたはずだが、犬小屋が居心地悪いのか、相性が悪いのか、犬は殆どの時間を縁の下で過ごしていた。

渡り廊下からは広々とした中庭が見えた。

中央に松。その周囲に、白木蓮、柘植《つげ》、青木、金木犀《きんもくせい》、槙《まき》、梅、竹、柳、柊《ひいらぎ》、南天《なんてん》、紫陽花《あじさい》、躑躅《つつじ》。

草花も植えられていた。フリージア、菊、グラジオラス、擬宝珠《ぎぼうし》、雪柳、薔薇《ばら》、竜胆《りんどう》、水仙、鈴蘭《すずらん》。

簡易温室の仙人掌《さぼてん》、蘭。

庭の三分の一ほどは石庭になっていた。石灯籠が聳《そび》える風雅な造りだ。

ちょっとした旅館の庭のようでもある。

かといって、あくまで家人が楽しむためのものとしてあった。

この規模、この仕上がりとなると、素人が手慰みに造れるような庭ではない。

相当に手の掛かった、そして金も掛かった庭であった。

当時は他と比べたこともなかったので考えもしなかったが、こうしてみると相応の資産家だったのではないか、と思い返す。

小学校までは、母屋にあった子供部屋を、弟と共有していた。

だが、桜さんの中学進学と同時に、離れの一部屋が「お姉ちゃんのための勉強部屋」とされることになった。念願の個室である。

離れには仏間があったが、この部屋には〈お宝〉があった。

と言っても家宝の類ではない。

この仏間にはカラーテレビがあった。今思えば随分と旧式のブラウン管テレビである。

液晶テレビなど登場する遙か昔の時代の話ではあるが、白黒ではないカラーテレビで十分に映る。

母屋にもテレビはあったが、そちらのテレビについては両親にチャンネル権があって、子供達が自由に番組を選ぶことはできなかった。

その点、仏間のテレビは桜さんが一人占めできた。

本体に付いたノブ状のボタンを押し込むと電源が入り、引き抜くように引っぱると電源が消える。

ブラウン管テレビの仕様で、電源を入れてもすぐには点かない。

カチッ。ジー……ブゥウゥーン。

起動音のような不思議な音がして、それから徐々に画面が明るくなる。

チャンネル変更は、ダイヤル式だった。各チャンネルの数字が書かれた回転するツマミを、ガチャンガチャンと左右に回すことでチャンネルを変える方式。これも、今やほぼ見かけない古い方式だった。

このテレビのある仏間と桜さんの個室との間に、もう一部屋あった。

これは物置になっていて、フランス人形に博多人形、市松人形のケースがあり、父のコンポや母の婚礼箪笥《だんす》なども押し込められていた。

様々ある古道具は、価値があるのかないのかよく分からなかったが、一際高価そうなものがあった。

それは置き時計である。

ローマ数字の文字盤を持った、手巻き式の四角い置き時計で、六面全てがガラス張り。角には金メッキが施されている。

桜さんが離れの個室で暮らし始めた日の深夜零時に、その時計は突然時報を告げた。

――ヂンヂンヂンヂンヂンヂンヂンヂンヂンヂンヂンヂンンン……。

チーンでも、ボーンでもない。チャイムともベルとも違う、独特の音がする。

何年もの間、誰にも使われていなかった。当然、誰もゼンマイを巻いていない。

もちろん、桜さんも触っていないし、巻いていない。

だが、新たな住人を歓迎するかのように、それは鳴った。


勉強部屋として宛がわれた個室は、静かだった。

弟は離れを嫌っていた。

「姉ちゃん、ここ何かい《ぃ》てる《る》」

何が見える訳ではないのだが、弟はそう言って離れに近付こうとしなかった。

桜さんは逆に離れの静けさや、仏間の静謐《せいひつ》が気に入っていた。

母屋の喧噪や、賑やかしく絡んでくる弟の煩わしさからも解放され、勉強に集中できた。

ただ、部屋でテスト勉強に集中していると、時折、音が聞こえた。

ずるずると何かが擦れる音である。

音の出所は頭上からである。

見上げる天井には特にこれといったものはなく、周囲にも異状はない。

気のせいか、とまた教科書とノートに向き合う。

――カチッ。ジー……ブウウウーン。カチャリ。

テレビを点ける音。そして、誰かがチャンネルを回している。
誰だ？
桜さんは、そっと襖を開けて廊下を見渡した。
渡り廊下にも離れの外廊下にも、特に人影はない。
チャンネル権のある両親が、わざわざ離れにテレビを見にくることはないはずだ。
弟は離れを嫌っている。
では、誰だ。
そろそろと仏間を確かめてみる。
仏間に明かりはない。テレビは点いていないし、人もいない。
では、今の音は気のせいか。
首を捻りながら部屋に戻り、机に向かう。
——ヂンヂンンン……。
隣の部屋から置き時計が鳴って、二時を告げた。
「もう、そんな時間やってん」
大変。もう寝なくちゃ。
置き時計は誰も触れておらず、ゼンマイは巻かれていない。

そのうち、離れの気配は常態化した。

昼間は何と言うこともない。

だが夜になり、母屋から引き揚げた桜さんが離れで独り過ごす時間になると、それは起きる。

――カチッ。ジー……ブゥウゥーン。カチャリ。

仏間のテレビを点ける音。

そして、みしり、みしり、みしり、と畳を踏む音が聞こえる。

誰かが仏間を歩いているようだ。

もっぱら、それは夜中にだけ活動しているように思えた。

天井近くのずるずるという音も続いている。

ただ、天井の音については心当たりがないではなかった。

天井板の近くに蛇の鱗が這った痕らしきものがあった。

蛇行痕は数匹分あったが、これは屋敷蛇だろう。

この辺りでは神の使いとされるものだ。

この家の縁の下には番犬が潜り込んでいたが、それとは別に蛇がいた。

一匹は黒い蛇、もう一匹は白い蛇である。

二匹の蛇は縁の下の犬には近付かず、そことは反対側にある柊と南天の陰に当たるところに好んで潜んでいるようだった。さほど日当たりのいい場所ではないが、そのじめじめした環境が蛇達の好みに合うのだろう。

蛇達は桜さん一家に姿を見せることは滅多になかったが、幼蛇を目撃したことは何度かあった。

廊下の隅で一人前にとぐろを巻くミミズより大きい程度の幼い蛇。舌を出し入れする姿は小さくとも確かに蛇であった。後に中庭の松に絡む大きな蛇を見かけたこともあった。恐らく同一の蛇だろう。

桜さんが目撃した蛇はいずれも黒かったが、桜さんの母は白い蛇を見たことがあった。それは目だけが爛々《らんらん》と赤く、他は真っ白だった。

全体像は見えなかったが、それでもなかなかの大物であることは家族は皆知っていた。毎年、脱皮を終えた大きな蛇の抜け殻が、家屋敷の敷地の何処からか出てくるからだ。概ねそれは南天と柊のある縁の下から出てくるので、「蛇は今年もここにいる」「この家に居座っており、出ていった様子はない」と理解していた。

縁の下や家の外だけでなく、離れの天井裏にも蛇が潜んでいても不思議ではない。

長年同居を続けてきたことを承知しているせいか、気味が悪いとは特に思わなかった。

天井に残された鱗の痕を眺めているうち、桜さんは眠りに落ちた。


そのうち、高校受験が始まった。

離れの騒がしさは、中学生の頃からずっと変わらない。

むしろ、賑やかさを増した。

テレビの音、置き時計の音、蛇の這いずる音や脱皮をしているらしき音などに加えて、家鳴りが起きるようになった。

ピシリ、パシリ、と鳴る家鳴りは、これは湿度の差、温度差で建材である木材が裂ける音である。珍しいものではない。

ただしそれは、新築間もない建物でなら。

建物が若いうちに収縮膨張を繰り返して起きる家鳴りは、築年数を重ねた古い屋敷ではすっかり収まっているものだ。これほどに頻々《ひんぴん》と、それこそ季節問わず毎晩鳴るような代物ではないはずだ。

私立校に受かった日は、日頃より一際うるさく鳴った。

本命だった公立校の合格が判明した日に至っては、もう一晩中絶え間なく音が鳴った。

仏間はテレビの音や足音で賑やかしく、一度もゼンマイを巻いたことのない物置の時計はヂンヂンと何度も鳴り、冬だというのに蛇が蠢《うごめ》く音まで聞こえてきた。

まるで、桜さんの進学を離れの住人達全てが言祝《ことほ》いでくれているかのように思えた。

離れの気配と音の賑やかしさは、短大に入る頃までずっと続いた。

＊

桜さんには子供の頃からたまに見る夢があった。

顔の分からない小柄な男が現れる。

男は、桜さんを追いかける。何処までも追いかける。

そして、男は桜さんに襲いかかり、二十三歳になった彼女の背中をナイフで突き刺す。

そんな夢だ。

幼い頃から、何故二十三歳なのか不思議に思っていた。

桜さんは二十三歳になった。


その頃、両親が家を建て直した。

母屋も美しい中庭も、全て潰して更地にした。

敷地内にあった古来の田舎家は、その風情とともに全て消え失せ、その後に小綺麗な今風の家が建った。

離れの建屋は遺されたが、それも小綺麗にリフォームされた。

古びた仏壇は新しくも絢爛《けんらん》なものに買い換えられ、仏間のお宝であったチャンネル式のブラウン管カラーテレビも処分された。

物置の置き時計もなくなっていた。売られたのか捨てられたのかは分からない。

天井は張り替えられ、蛇の這う痕が現れることもなくなった。恐らく、天井と外壁を繋ぐ隙間も埋められたのだろう。あの蛇達は自由に離れを出入りする術を失った。

蛇の姿は建て替えの後から見なくなった。

敷地の何処からか毎年見つかっていた抜け殻も、見つからなくなった。

屋敷蛇も去ったのではないか、と思われた。

屋敷蛇が去り、離れに棲み着いていた何か、家を司る何かが全て去った。

そうして夢が告げる二十三歳になった。

失ってはならない何かを失い、そして喜ばしくない何かを一つ得た。

二十三歳になった桜さんは、難病を発症した。

膠原《こうげん》病との長い戦いの始まりである。


新築された実家の居心地は酷く悪かった。

何がいけない訳でもないのに、暮らしにくかった。

ここにいてはいけない、こんなところでは暮らしてはいけない、という思いに突き動かされた桜さんが、実家を出る決心をしたのは三十歳のときだ。

とはいえ、難病を抱えた桜さんが完全に自立した生活を送るのは困難極まりない。

そこで、実家からさほど遠くない場所に新居を構えた。

建て替えを終えた後の実家も、新たに手に入れた新居も、かつての実家にあったものは何一つ引き継がれていない。

あの得体の知れない時計もテレビも仏間の気配も屋敷蛇も。

新たに作り直された実家の、中庭の庭石も植木の類も、長く守られてきた古来よりのものとはまったくの別モノだ。

だから、実家はもう同じ場所にはあるが、別の家だ。

新居にだってそれは引き継がれていない。無関係な家だ。

それでも、新居では多少は楽になれた。

新しく小綺麗になったはずなのに何処か腹立たしく居場所のない実家に比べれば、遙かにマシだった。

＊

廊下から声が聞こえる。

唸り声やら、喘ぎ声やら、よく分からない。くぐもった嗄《しゃが》れ声、掠れ声、囁き声や呼び掛けが混じっている。

騒がしさと煩わしさに気圧されて、浅い眠りから目が覚めた。

ふと、懐かしさを覚える。

あの騒がしい仏間がある、古い離れにいるような気がしたのだ。

違った。

そんなはずはない。あの離れはリフォームされて……もうそんな気配はなくなった。

では、新築したほうの実家だろうか、と思った。

いや、それも違う。もうそこに自分は住んでいないではないか。

桜さんは自問した。

実家の近くに買って三十歳頃から住み始めた新居……それとも違う。
ここは何処だろう。
思うように動かない身体を捩るうち、思い出した。
そうだった。ここは、施設の自室だ。
病に蝕まれ、身体は日々衰えた。
何とか自立した生活を、と望んだ暮らしも長くは続けられなかった。
絶えず付き添いが必要な生活を、家族に頼って維持するのは難しい。
そのうち、起き上がることができなくなった。
そして先頃、桜さんは自宅を手放して終《つい》の棲家《すみか》に移った。
二十三歳で発症してから、長く世話になってきた病院に付属する緩和施設である。
自分以外の住人はというと、いずれも末期に程近い老人ばかり。
老人達は大抵は静かだった。
寝たきりの彼らは、騒ぎ立てるほどの体力すらもないからだ。
桜さんも最近は眠っていることのほうが多くなったような気がする。
膠原病は確実にこの身を蝕んでいる。

近頃は、そういえば建て替える前の古い実家の夢をよく見るようになった。

また、幼いあの日に果たされなかった約束を果たすために、叔父が迎えにくるのではないか、という予感がある。

いずれ、いや……遠からずそうなるのだろう。

かつての記憶がモザイクのように断片的に、或いは時折より鮮明に思い出される。

叔父を見送るとき、桜さんは叔父に招かれる夢を見た。

親族は、桜さんが連れていかれないようにと、紙人形を一緒に入れた。

そのおかげか、叔父を夢に見ることはなくなった。

が、こう思うのだ。

時折夢に見ていた、顔のない小柄な男。

あれはもしや、叔父ではなかったか。

叔父は桜さんに自身を重ねていなかったか。

病に堕ちた自身の末期に、姪を重ねようとしていなかったか。

何故、〈刺された〉のが二十三歳だったのか。

屋敷蛇や、その痕跡が建て替えによって消されたのは桜さんが二十三歳のときだったが、それは偶然だったのか。

考えが巡るが、それを考えるのがまた億劫《おっくう》になった。

この病気の特性なのか、すぐに疲れてしまう。

まあ、それもいい。

終わりは近付いている。

この煩わしさも遠からず消え去るだろう。

いずれこの緩和施設で生を終えることになる。

彼女自身、そのことをもう受け入れつつある。

四十代のうちに全て終わるのだろう、と予感している。

来るべき日が訪れたら、あのかつての実家にいた屋敷蛇に誘われてあの世に行きたい、そう願っている。

そういえば、桜さんの幼い日に死んだ、あの叔父の享年は何歳だったか。時折それを思い返すが、古い記憶過ぎて判然としない。

——桜さんは今、四十七歳である。

＊

桜さんからの知らせは、二〇一九年の夏頃から複数回に亘って届いた。
最後の知らせが届いたのは二〇二〇年の初頭頃。
これ以降、彼女からの連絡は途絶えていて、その後の彼女の様子は分からない。
持ち直しているのか、尚苦しんでいるのか。
それとも、かつて手招かれた花園へ、屋敷蛇とともに旅立ってしまわれたのか。

おいちとおえんの物語～序幕

実話怪談は聞き書きである。

体験者あっての物種で、体験談なくして実話怪談は書けない。仔細に聞き出した出来事を丁寧に整理し、あったること、そこで起きたことを掘り起こしていく。

しかし、体験者は必ずしも語りの専門家や説明のエキスパートとは限らない。

大分昔の話を、記憶を頼りに辿っていく場合もある。時間経過で記憶から零れてしまったことや、覚え違いがあることだってある。話が行きつ戻りつし、同じ話を何度も繰り返すこともある。もちろん、これは人間なので仕方がない。

そこから、前後の出来事や体験者が何度も言及する「話者にとって非常に重要な点」などを見渡した上で、その日、そのときに何が起きていたのかを再現する。

いや、復元といったほうがいいかもしれない。

ところどころ欠けた記憶のピースを繋ぎ合わせ、できるだけ元の形に近いものに近付けていく。話の前後、出来事の順番などを少しずつ合わせていって、それで漸く読み物として通読できる形になる。これが実話怪談という読み物の組み立て方である。

とはいえ、常に全てが完結したと確信できる段階になってから語られるとは限らない。「怪異が起きた！」と語ってくれたものが、実はより大きな構造の中のワンシーンにすぎなかったりする。或いは、まだ完結していないエピソードのプロローグだったりもする。

本書で言えば「トモダチの続報」が正にそれで、十年前に語られたのは全体像ではなかったことが先頃判明して今回補完された。

拙著で言えば『「弩」怖い話2 Home Sweet Home』に於ける「小枝子に纏わるエピソード群」がそれに当たる。これは、昨年上梓した『「弩」怖い話ベストセレクション 薄葬』にも完全版が収録されているが、聞き始めの時点でも書き始めたときも、全貌がよく分からない怪異譚群だった。

こうした進行中の話は、それが全てなのか、何かの一部なのかを判断するのが非常に難しい。ここまでで完結しているという線引きをすることがなかなかできないまま、手探りでエピソードの断片を書き始めることになってしまう。

そういうこともあって、全貌が見えたとある程度の覚悟ができないうちは、大抵は書こうとしても書けない。うまく語れる自信は湧いてこないし、何かと筆が進まない。

故に、しまい込む。しまい込んで、機が熟すのを待つ。

そんな具合で、お預かりしたはいいものの著者と時機の未熟でお待たせしているエピソードが、僕の手元にまだ幾つもあることをお詫びせねばならない。本当にすみません。と、先に釈明に紙数を費やしておいて何だが、つい先頃、どうにも未完と思しき進行中の話に行き当たった。

本作を含めこれまでに何度か御紹介させていただいた、筑紫さん、坂口さん。二〇二一年の春頃、縁合ってお二人と直接お会いして取材する機会があった。

コロナ禍の折——とは関係なく、僕は以前からネット越しの取材機会が多かった。これはインターネット成立以前、パソコン通信の頃からその萌芽はあった。

怪談作家の他聞に漏れず、酒席で聞き集める話も相応にある。が、「誰に話そうにも信じてもらえそうにないから」という理由からか、捨て子を置いて逃げ去るように、或いはこっそりと耳打ちするように出来事を託されることがある。

かつてはメール、チャット、最近では各種SNSなどもあるためか、誰かに言いづらい怪異譚を耳打ちされる機会が増えたように思う。

なので、そのような形で寄せられた話は、誰にも気付かれないように、出所が他の誰にも知られないように、慎重に大切にお預かりしている。

筑紫さんとは以前より知人に紹介されて直接の面識もあったが、やはりもっぱらネット越しにお話を聞く機会のほうが多かった。

しかしながら、今回、「うまく説明できない話がある」という。

「お会いして伝えたい」

と仰る。

僕の仕事の都合や、緊急事態宣言などとのタイミングの摺り合わせもあいまって予定はずれにずれたのだが、どうにかお時間をいただいて筑紫さんと坂口さんのお話を伺えた。

渋谷での取材は三時間半にも及んだ。

そこでお伺いした話が、本稿「おいちとおえんの物語」であるのだが……。

前述の通り、このエピソードについて僕にはまだ全貌が見えてこないのである。この話は、より大きな構造のまだ入り口にすぎないのでは？　という予感がある。

故に、今回はこのエピソード群のさわりの部分、恐らくはプロローグに相当するであろう部分のみを、とりあえず書き始めてしまおうかと思う。

＊

いつからそうだったのか、という問い。

体験者の方々のうち〈能力者〉に分類される方々に出会ったときに訊ねるようにしてい

るのだが、大抵は「気付いたらいつの間にか」「あるとき急に」などの答えを得る。

坂口さんの場合も、「気付いたらいつの間にか」であったらしい。

幼少時、彼女は一人でいることが多かったようだ。

しかし、自分が一人でいるという自覚はあまりなかったかもしれない。

というのは、「見知った人間は周囲にはいないはず」にも拘わらず、見知った〈人間ではない何か〉に日々囲まれていたためだ。

それらは、異形と呼んで差し支えないものであった。

例えば、手のひらに載るほど小さな毛玉のようなものであったり。

人の姿をしてはいるものの、獣の耳や尾を生やすもの。

花魁《おいらん》のような絢爛な装束に身を包んだ狐顔の女もいる。

目の数が多かったり少なかったり。色々、〈惜しい〉姿であったり。

つまりは、人の形はしているが人ではないもの、人の形を為してはいないが人であるかのように振る舞うもの。そうした存在を疑うことなく友としていた。

これも霊を視る人々から伺う機会の多い逸話として、「幽霊は半透明ではない。足もある。その辺を歩いている人との違いなど何もない。だから見分けが付かない」というものがある。

つまるところ、人だと思っていたものが人ではないのだが、人ではないということの見分けが付かないから気付けない。

坂口さんの場合も、人の形をしていない異形と人とを区別できないでいた。

意志の疎通ができるのだから人だろう。そのくらいで納得していた。

否、幼い日の彼女にはそれらを区別する必要が、そもそもなかったのかもしれない。


三歳になる頃、坂口さんは大阪にある、とある施設で暮らしていた。

その後、祖父母や例の書生姿の〈彼〉などと同じ家で過ごすことになるのだが、それ以前の幼い頃の彼女が、何故施設暮らしをしていたのかについては、諸般の事情により明かされていない。

三歳の坂口さんの遊び場は、もっぱら施設に程近い山中だった。

傍目には、一人で山の中を駆け回る子、といった風に見えていたはずだ。

彼女自身は山中で〈見知った顔〉の友人と遊んでいるつもりではあった。

その折、異形の友とは一風違った方に出会った。

身の丈はおよそ二メートルもある。

狩衣《かりぎぬ》を纏い、手元に扇子のようなものを持っている。

神主さんをもっとずっと立派に、遙かに神々しくしたような。

性別は分からない。

顔は……顔は分からない。

顔の前に薄い布のようなものを垂らしている。

布はひらひらと泳ぐが、その下にある顔は見えそうで見えない。

ただ、綺麗なお方だ、とは思った。

いつも視る異形達は、もっと歪んだ形をしている。気のいい者達ではあると思うが、それらの同類のようでいて、まったく違うものであるようにも思えた。

もっと器の違う何か。

そう、神様みたいだ、とも。

「……こんにちは?」

誰かに会ったら挨拶をしなさい。

両親の言葉か祖父母の言いつけか、何処でそう躾《しつ》けられたのかは定かでないが、幼い坂口さんはそれを思い出して、声を発した。

布を垂らした彼の方は、一瞬動きを止めた。

挨拶の言葉を向けられたことが、予想外であったようだった。

「ハイ、こんにちは」

声音からも性別が分からない。少し高い声。男か女か、それも分からない。

そのどちらであっても、そのことはあまり重要なことではないようにも思う。

「何や、変わった御子《おこ》やね。私のこと、分かるんか」

小首を傾げ、笑った。

表情は分からないのだが、恐らくは彼の方は笑ったのだ、と思った。

「ふむ、あんさんは」

値踏み、ではない。

しかし何か興味を持たれている。

何やら繁々と眺められているが、こうして言葉のやりとりができているのだ。

異形達がそうであるように、彼の方もまた〈ヒト〉と変わりないのではあるまいか。

「うん、物怖じせえへん御子はええね」

気に入られたのかもしれない。

彼の方はまた、コロコロと笑う。

と、そのとき。

藪を揺らす音が聞こえた。

誰か。

或いは何か。

彼の方と坂口さんの会話に割って入るかのように、それは現れた。

それは悪意だった。

世の中には、その形を喩えるのが難しいものがいる。

これまで坂口さんが出会ってきた異形の数々がそうであったし、今彼女の目の前に立つ彼の方にしてもそれは同じだ。人の形《なり》をして人のように振る舞い、人の言葉を喋っているのに、その形その容貌をうまく喩えられない。

今、坂口さんの目前にいるそれを強いて喩えるなら、四つ足の獣である。

四つ足で這っているから、獣に喩えているだけで、本当に獣なのかどうかは分からない。

それは黒く滾《たぎ》る悪意の塊そのものだった。

彼の方やこれまで相まみえた異形達は、一様に人の言葉を操っていた。

しかし、その四つ足の悪意は人の言葉を発することはなく、人の言葉を聞き取れている様子も見られない。

故に、坂口さんは〈獣〉であると認識した。

四つ足の悪意はのそりと近付いてくると、彼の方を意識することなく坂口さんに襲いかかった。

押し倒されて山道に転がる。

四つ足とはいうものの、それは犬や猫やらの形をしているかどうかも怪しい。

耳があるかも目があるかも怪しい。

だのに、餓えを満たすためには欠かせない顎《あぎと》だけはある。

この四つ足の異形の獣は、自分を喰らうつもりなのだ。

あの巨大な顎があれば、坂口さんの腸《はらわた》を一口で喰らうことなど造作もない。

ああ、ここで終わるのか。

張り裂けんばかりの恐怖と諦観。

しかし――これは今でなければ駄目だろうか。

一瞬、坂口さんはそうと考えた。

「なるほど」

するがままされるがままに喰らわれようとしていた坂口さんを前に、彼の方は一人腑に落ちたように頷いた。

彼の方は人のそれとは違った所作で動く。

何をどうされたのかは、判然としない。

が、彼の方はゆらりと狩衣を揺らして、扇子を煽った。
坂口さんの腸を食い破ろうとしていた四つ足の悪意は、散り散りに消えた。
倒されたのでなく、流された。
助かった。
彼の方に何かお礼を。そう思って身体を起こしたそのとき。
彼の方の顔を隠していた薄布のはためく隙間から、その顔がちらりと見えた。
「見てもうたんか。かなんなあ」
これは困った、という困惑が伝わってくる。
見られてはいけないから隠されていたのに、その顔を見てしまった。
これが落ち度か無礼か失礼かは分からないが、何か禁忌に触れたのでは、とは思った。
「あの、そんなつもりじゃ」
こうして語らえるのだから、彼の方は四つ足とは違うはずだ。
赦しを乞うたら許されるだろうか。
その意を酌み取るように、彼の方は言った——。

*

「……何と言われたのですか？」

「覚えてないんです。というか、随分長いこと思い出せないでいました」

坂口さんは、異形を見、話す力が幼少の頃には既にあった。

そして、彼の方との遭遇を経てその後一旦それは封じられた。

だが、成長とともに封印は緩み始めた。

中学生に上がる頃には、再び分かるようになり始め、件の書生姿の〈彼〉を認識できるようにもなった。

「最近になって、夢を見まして」

二〇二〇年冬。秋にあの家を出て、上京して間もない頃のことだ。

祖父母に連れられて、山の中の集会所に行く夢だった。

集会所の近くには神社があった。

境内に入り本殿と思しき建物へ。

賽銭箱に一円玉数枚を放って手を合わせる。

「勝手に入ってごめんなさい。少し休ませて下さい」

境内の外に続く道から、本殿を目指して何か白いものが近付いてくる。

それは着物だった。

だが、それは着物のみ。袖を通しているはずの着物の主は何処にもいない。

着物だけが、見えない誰かに着られているかのように歩いてくる。

驚いて逃げて、そして盛大に転んだ。

すると、誰かが自分を覗き込んでいる。

〈大丈夫？〉

声は聞こえない。

頭の中に直接、言葉が響いてくる。

差し出された男の人の手を取って、礼を言いながら立ち上がる。

だが、その男には顔がなかった。

首から下は、ある。だが、顔がない。

彼に連れられて集会所に行くと、そこには異形がいた。

人は一人もいないが、人とかけ離れた形の異形や、人の形にごく近いのに何処か惜しい異形が犇《ひし》めいている。

室内には酒肴が並べられ、誰かを迎えての宴席の支度が調えられている。

〈異形を見るのは初めて？〉

初めて、ではない。以前何度か。

自分の記憶の箍《たが》が緩んでいく気がする。

〈君、新人？　ここの主様は人間好きだから、人間が来ても驚かなくてもいいからね〉

〈君、化けるのうまいね。元々人型なのかい？〉

私は人です、と切り出すことはしなかったが、誰もが自分を〈人にうまく化けた人ではないもの〉と思っているようだった。

次第に宴席に訪れる異形が増えてくる。

その中に、一際大きな姿があった。

狩衣に扇子。二メートルほどもある体躯で、顔を薄布で隠している。

知っている。

自分は彼の方を知っている。会ったことがある。

彼の方はこちらに気付いたようだった。

立てた人差し指を口元に添える。

ああ、これは。〈言うな〉だ。そうだ。秘密を守ると約束をした。

〈主様〉

〈〇〇〇様〉

彼の方の名が呼ばれた。

〈新人、挨拶しな。主様だよ〉

促されてお辞儀をする。

主様、彼の方。神様。

異形達が主様と呼ぶその方は、坂口さんの頭を撫でた。


「彼の方の正体は、山神様でした」

三歳のときに山中で救われたのは夢ではなかった。

あのとき山神様の顔を見てしまったので、記憶と目を封じられた、らしい。

山神様との邂逅の前後についての記憶が、曖昧にされた。

目については、「異形を見る力」と言い換えていい。確かに、中学生になるまでの間は、長らくそうしたものを見ることから遠ざかっていたように思う。

「夢に出てきた顔のないお兄さんは、山神様の眷属《けんぞく》で……私も今生を終えたら眷属《そう》になるようなんですが」

「それはもう、決まりなんですか」

坂口さんは現在、その身に山神様を宿している或いは伴っている状態にあるという。

神様に憑依されている、或いは神様を下ろしていると言っていい。

故に、様々の事々について夢を通じる形で下される。

それは、的中する忠告であったり、或いは他愛ない話であったり様々らしい。

坂口さんが、〈見なくていいものが見えすぎる〉ときはその視界が塞がれたりもする。

本書で前述した「見えすぎる」で触れた、サングラスによる視界の遮蔽も、夢に現れた山神様の眷属である顔のない男から奨められたのだそうだ。

しかしながら、これはあり得ることなのか。

神が人に入るなどということは起こり得るのか。

取材の席で坂口さんは、手にした扇子を口元に翳《かざ》し、顔を上げた。

「いますよ。今も。ここにいてはりますえ」


この話はここから始まる。まだ序幕にすぎない。そのように思う。

だからいずれ、もう少し機が熟してその時がきたら——。

〆書き

怪談作家は幽霊が見えるのか。

これ、「怪談作家です」と自己紹介したときや、取材相手の方なんかに聞かれがちな問いなんですが、ぶっちゃけ「人それぞれ」です。ガッチガチに見える方が御自身の体験談を書かれてる場合もありますし、逆にまったく見えない方が見える方の体験談を羨望の眼差しを向けながら書いているケースもあります。今年で怪談生活三十年になった加藤一の場合はどうなのかと言うと。見え……てない。見えてないはず。もちろん、この三十年間で何度か「あれっ？」って経験はありましたとも。春の夜の公園や墓場の樹上で何やら湯気のように空気が渦巻いているのが見えたりとか？　夜中の公園を歩いていたら最後尾なのに背後から声を聞いたとか？　シャワーを浴びていたら足から出血していたのに傷口がどこにもない、とか？　気にしたら負けかな、と思うことにしていますけども。

そして、取材先やネタ提供者の方々に行く先々で言われるのが、「たくさんいる」。

「普通、誰でも最低一人は肩の後ろ辺りに連れているもので、それが正常です」

へー。そうなんですか。

「加藤さんの場合、それがたくさん……いまっ……ぶふっ……」

へー。何で吹き出しながら言うんですか。んもう。これまでにも相互には面識がない人々に、それぞれ異口同音に「いつも複数人の人がいて、こんなの見たことないです」というようなことは言われてきました。だいたい、四、五人からそれ以上らしいです。今回も「いすぎいすぎ。背負いすぎ」と笑われましたので、まあ、そういうことなのでしょう。

「それだけ連れているなら何かしら見えているはずだし、そうでないとおかしいです」

これも割と言われますが、見えてませんよ。見えてませんったら。見えないからこそ体験者の経験を「こうかな、こうかな」と手繰《たぐ》って書けるのであって、たぶん僕にも見えてたら怖さのあまり廃業してると思います。見えてなくて本当によかった。ヘタレですとも。

今回、津軽弁ネイティブの高田公太先生に方言監修をご協力いただきました。また最後に書いた「おいちとおえんの物語」ですが、作中に〈おいち〉も〈おえん〉も出てこなかったのは、色々と訳があります。こちらも背負う話繋がりとして追々記していくことになるかと思いますが、気長に待っていただければ。話の全貌が見え、それを書くに足る力と機が僕に巡ってくるようであれば、いずれお届けできるものとは思います。

何年やっても道半ばですが、また次の機会にて。

二〇二一年　未だ喪中の闇より喪明けの曙を願って

加藤　一

本書の実話怪談記事は、「忌」怖い話 大祥忌のために新たに取材されたものなどを中心に構成されています。快く取材に応じていただいた方々、体験談を提供していただいた方々に感謝の意を述べるとともに、本書の作成に関わられた関係者各位の無事をお祈り申し上げます。

あなたの体験談をお待ちしています
http://www.chokowa.com/cgi/toukou/

「忌」怖い話　大祥忌

2021年6月4日　初版第一刷発行

著者……加藤 一
カバーデザイン……橋元浩明（sowhat.Inc）

発行人……後藤明信
発行所……株式会社　竹書房
〒102-0075　東京都千代田区三番町8-1　三番町東急ビル6F
email: info@takeshobo.co.jp
http://www.takeshobo.co.jp
印刷・製本……中央精版印刷株式会社